U0579813

胭+砚
project

[日]河野真太郎——著

赫杨——译

战斗公主
劳动少女

漓江出版社·桂林

Caution!

本书包含对相关作品故事情节的介绍，有剧透。

目录

序

本书写作的出发点，与战斗系女主角们有关。

举个例子，对于科幻电影粉丝来说，2015年号称"星球大战年"。这一年上映的《星球大战：原力觉醒》是该系列的第七部作品，其问世与上一部"前传三"相隔10年之久，描写的是正传三部曲之后的故事，自然备受粉丝期待。

这部由J.J.艾布拉姆斯导演执导的新作，没有辜负粉丝们的期待。无论是老粉儿，还是把前作当成时代眼泪的小朋友们，无一例外，都沉醉在了这个历久弥新的星球大战世界里。

这部新作既保留了《星球大战》系列的传统世界观，又确确实实开拓了新疆域——主角们的人设。该片两个主角，一个是拥有非凡原力的蕾伊，另一个是辅佐蕾伊的原标准冲锋队队员（反派集团第一秩序冲锋队步兵）芬恩，前者为女性，后者为黑人。而前作中的主人公都是白人男性，因此，可以说这次的人设是电影的崭新要素。

此外，蕾伊还具备超凡的战斗能力——这个设定不仅仅表示她是"天选之子"、拥有"原力"这种星球大战世界的独特超能力。从电影前半部分开始，其人设早就通过与芬恩的对比得到了突显。蕾伊与芬恩初次相遇的场景中，二人被第一秩序冲锋队的士兵和战斗机追击，这时芬恩牵起蕾伊的手想要逃跑，蕾伊却反抗道："放开我的手。"电影充分强调了蕾伊在棍棒战中实力远远凌驾于芬恩之上的事实——作战过程中，她并不需要芬恩的帮助。

然而，这个战斗系女主角真的算是创新吗？该疑问便是本书写作的出发点。对此，目前我的回答是"否"。之所以这么说，是因为，三十多年前我们就已经见识过"蕾伊"了。

影片一开始，蕾伊身处前作中大显神威的帝国宇宙战舰"灭星者"的残骸之中，正在收集零件。看到这一幕而联想起1984年动画电影《风之谷》开头场景的人，肯定不止我一个吧。请大家比较一下**图1**和**图2**。**图1**是在名为"腐海"的巨大菌类森林里探险的娜乌西卡，**图2**是蕾伊。看看这个面具，还有娜乌西卡的来复枪和蕾伊的棍棒。其实，J.J.艾布拉姆斯导演访日时曾经对宫崎骏表达过敬意（ABC振兴会）。或许，蕾伊这个人设就是对娜乌西卡的致敬，是有意为之。这两个人物形象相似的还不仅仅是外形，她们各自战斗能力的突显，都是通过与占据主角戏份的男配角进行对比实现的。蕾伊的参照物是芬恩，娜乌西卡的参照物是阿斯贝鲁。关于娜乌西

图1 / 娜乌西卡（出自《风之谷》）

图2 / 蕾伊（出自《星球大战：原力觉醒》）

© 2017 Lucasfilm Ltd. & YM. All Rights Reserved

卡，本书第四章和第五章中还将做详细论述，总之，这两人在作品情节构成上都属于判别、揭露真相的角色立场。如果说娜乌西卡是了解自己所处世界与腐海真相的人物，那么她就处在男性角色们无法企及的、可以直接触摸到真相的高度之上，就如汉·索罗的这句反讽台词所示："了解真相的永远都是女人，永远。"

那么，关于这两位女主角的相似性，仅仅用"艾布拉姆斯导演向宫崎骏的致敬"就能解释清楚了吗？本书给出的假说自然是"不能"。更为重要的问题是，这种相似性是从什么样的历史性、什么样的社会变化中生成的。

《星球大战》的历史可追溯到1977年上映的《星球大战4》，它与1980年上映的《星球大战5》、1983年上映的《星球大战6》合称为正传三部曲（或称旧三部曲）。最让我感慨的便是从正传三部曲到新作的女性角色之变化。

说起正传三部曲中的女性角色，就不得不提到凯丽·费雪饰演的莱娅公主。莱娅公主是与极权主义帝国军进行对抗的重要人物，据传她持有帝国军正在建造的大规模杀伤性武器"死星"的设计图，因此才出现了《星球大战4》开头的一幕——被帝国军逮捕、监禁于死星之中。该影片一半以上情节都在描述主人公卢克·天行者如何借助绝地武士（操纵原力、以光剑为武器的正义骑士）欧比旺·克诺比、走私商人汉·索洛等人之力搭救公主。这不就是拯救幽禁公主故事的典型设定嘛。不过，《星球大战》为典型设定增添了新的魅力——此公主可不是老老实实坐待骑士到来的那种柔弱公主。卢克他们虽然摸索到监禁莱娅公主的单人牢房，把她救了出来，但结果还是被帝国军发现，困在了牢房区域。莱娅公主对这些男人发难道："难道你们都没有制订逃脱计划吗？！"她从卢克手中抢过激光枪，破坏掉垃圾溜槽的入口，飞身入内，以这种方式为自己开辟了一条逃生之路。

事实上，在这样的莱娅公主身上，我们已经可以看到书题中"战斗公主"的原型了。这是一种强势的、具备战斗力的新公主形象，它与1970年的女权运动以及饰演莱娅公主的演员凯丽·费雪的女权思想并非毫无关联。实际上，凯丽·费雪以持续发表女权言论而闻名，比如，在与《星球大战：原力觉醒》中蕾伊的扮演者黛茜·雷德利对谈时，她就曾做过如下表述。

费雪　　跟你说，我根本不是什么性感尤物，性感尤物完全是别人的看法。我根本不认同。

雷德利　这个词儿……

费雪　　不好，对吧？是的，对于拍戏时的服装，你一定要抗争。别和我一样沦为奴隶。

雷德利　好的，我一定会抗争的。

费雪　　一定要和那种奴隶服装抗争到底。

雷德利　好的。

—— 凯丽·费雪，与黛茜·雷德利的对谈

（Carrie Reynolds Fisher, Interview with Daisy Ridley）

这里费雪所指是《星球大战6：绝地归来》开头的场景。在该场景中，莱娅公主被匪首赫特人贾巴抓住了，沦为奴隶，这时她的戏服非常暴露。确实就如费雪所说，戏服是把莱娅公主塑造为性感尤物的手段，而她本人对此极为不满。

从两层意义上说，这段采访都足以令人感慨万千。第一，费雪与雷德利之间，似乎结成了一种可称为"女权主义者母女传承"的关系（再想想电影中二人饰演的蕾伊和莱娅公主之间也存在着类似的"母女关系"，不禁更为感慨）。第二，尽管存在着这种关系，但费雪的莱娅公主与雷德利的蕾伊之间，确实还存在着女权主义者的世代差异。费雪与把自己塑造成性趣对象的势力拼死搏斗，这也原封不动地反映在电影中的莱娅公主身上。比如，我们再回顾一下前文提到的卢克救援莱娅公主的场景。当卢克打开牢房门时，莱娅公主正在睡觉，且毫无防备。她横陈于床上，展示出强调女性线条的S形曲线。卢克不禁看呆了（这个"看呆了"的表演，是在戴着冲锋队员全脸面具的情况下做出来的，可以说是演技满分了）。这个场景表明，莱娅公主在发挥刚才我们提到的"远胜男人"的才能之前，就已经作为女人被性别化了。

结合这一点，综合考虑奴隶服装问题，就会发现莱娅公主一直都在战斗——与那些把她作为女性进行物化的势力战斗。她身上过剩的强势在其所处时代并不讨喜，甚至可以说，这种强势可能就是在战斗中孕育出来的（顺便一提，莱娅公主还可以被看成是"傲娇"形象的鼻祖，对此就不做深入探讨了）。

与之形成鲜明对比的，则是蕾伊的放松状态。她本身看起来就是自由的，不受把她作为女人进行对象化、物化的力量所束缚。仅有的一点反抗也就是针对想拉手的芬恩，不过如前文所述，她与芬恩相比具有压倒性优势，这在影片中早有提示。从整体印象来看，蕾伊被塑造得非常中性，可以说，与上一代女权主义者艰苦斗争的风格风马牛不相及。这样的她，是不是已经算实现了莱娅公主的梦想了呢？莱娅公主与卢克是双胞胎，明明应该拥有相同的原力，却没能以绝地武士的身份活跃于战场。

费雪饰演的莱娅公主属于第二波女权主义（关于这一点请参考第一章），而蕾伊则是与那种艰苦的女性斗争相去甚远的新（本书后边会讲到的"后女权主义"式）女性形象，看起来似乎已经完成了自我实现。然而蕾伊这个形象，貌似又与1980年代出现过的新式女主角娜乌西卡血脉相通。本书的目的就是要解开以下谜团：在这些几乎成为主流的战斗女性形象的诞生过程中究竟发生了什么？泛滥的战斗女性形象背后，究竟隐藏着什么？而这篇序言就是留给读者的思考题。我不会在这里作答。接下来，请大家赶紧翻开第一章"论《冰雪奇缘》"，自己寻找答案吧。

不过，在阅读之前，请允许我再对本书主旨啰嗦几句。本书讨论的基本都是大众文化对女性的描写与表达，但是本书并不是以大众文化论为出发点进行构思的。因此，如果把它当成大众文化论来阅读，可能就会产生"为什么这部作品未被提及"或者"为什么这种作品会拿来讨论"之类的疑惑。本书的目的并不是把大众文化当作范围固定的对象，对其进行教科书全面撒网式的讨论，而是希望对鲜明展现这三四十年间社会、劳动、文化方面变迁的文艺作品进行探讨。这种探讨，从某种意义上可以说是不做差别对待的，从另一种意义上也可以说是随意的。据笔者管见，这样做或可发现看似无关的作品之间的意外关联，惟愿能与广大读者共享这种知性发见的快乐。

更进一步讲，本书探讨的不是大众文化，而是共同文化。共同文化这个词是英国评论家雷蒙德·威廉斯提出的，难以对它进行简单定义，大致上是指我们这些社会成员在创造与接纳过程中都能获得参与感的文化。在文化日渐孤立、封闭的今天，对这种"我们的文化"进行探讨变得越发困难。当然，一说到"我们"这个词，就会产生"我们"究竟代表谁的疑问，也会有人怀疑，提出"我们"不就是民族主义、极权主义、权威主义吗？但是我认为，至少在谈论文化时，有些疑问不能弃之不顾：我们以什么形式共同享有某种文化？这种文化与我们的生活整体是如何交锋的？把共同文化这个现时难以想象的事物立为目标，至少就会触发这些疑问。共同文化对于我们来说并不是一个已知对象，而是今后应该会出现的对象（也有可能永远不会出现），也是对向其进发之过程的命名。

那么，向前进之路进发之始，我先讲几点关于本书的注意事项吧。本书把繁琐的文献引用降低到了最小限度。各章末尾列出了其中引用、参考的文献名称。文中出现的引用，都在文中或者括号中注明了文献作者，必要的地方也注明了页码。具体内容希望大家参考各章末尾的文献列表。

此外，本书论及多部作品，为了易于未观赏过作品的读者理解，我也尽可能详细地介绍了故事情节。因此，在解说情节时也有出现大量剧透的情况。另外，对本书中所涉及的作品，即使给出的评论略带批判，其实我也认为每部作品都是强有力的名作，并且，我也希望诸位读者能够亲自观赏这些作品（比如就算是多次批判的雪莉·桑德伯格，实际上我也认为是非常了不起的女性）。因此，如果你希望观赏作品时没有先入为主的偏见，那么我推荐——先看作品再开卷。

参考文献

Fisher, Carrie."Daisy Ridley," *Interview*. Oct. 30, 2015. http://www.interviewmagazine.com/film/daisy-ridley#_

「J.J.エイブラムス監督「僕は宮崎監督の大ファン」引退を惜しみ《引退生活に飽きて、ぜひ復帰してもらいたい》と『スター・トレック　イントゥ・ダークネス』イベントで語る！」『ABC振興会』http://abcdane.net/site/moviestv/2013/09/jj-stidcarpet-recap1st.html

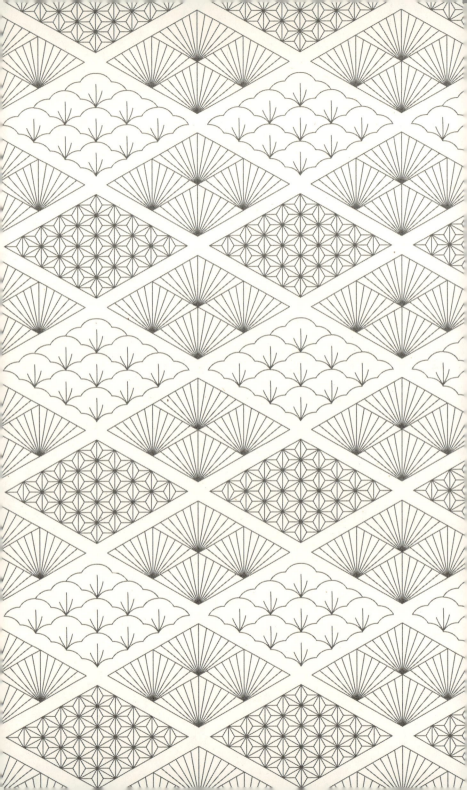

第一章

《冰雪奇缘》中的后女权主义与劳动

革命性的女权主义教科书《冰雪奇缘》

2013年上映的《冰雪奇缘》是革命性的。

之所以这么说，是因为这部影片否定了迪士尼公主故事的"语法"。女主角之一安娜，看似严谨地走在迪士尼公主老路线上：加冕之日，阿伦黛尔王国紧闭的城门终于打开，安娜心中满怀与"命运之人"相遇的期待，不出意外，她与汉斯王子不打不相识，坠入爱河。后来，因为艾莎的魔法，安娜心脏快要结冰，这时故事情节也遵循《白雪公主与七个小矮人》和《睡美人》的传统 —— 安娜为接受王子之吻而被带到了汉斯面前。然而，此处笔锋一转，前情都如猴戏 —— 汉斯背叛了安娜。原来，作为王国的第十三皇子，汉斯一直谋划迎娶安娜，企图把阿伦黛尔王国据为己有。在安娜的故事中，柯莉特·陶琳（Colette Dowling）所说的"灰姑娘情结"，还有若桑绿（若桑みどり）于著作《公主与性别》（『お姫様とジェンダー』）中指出的"公主病"都再次受到批判。这种批判就是对女人"傻傻等待外界事物帮助自己改变人生"（《灰姑娘情结》p.32[1]）情结的批判。

《冰雪奇缘》中安娜姐姐艾莎的故事更具革命性。这是因为，艾莎别提做什么"灰姑娘梦"了，她连对异性爱情似乎都持拒绝态度。对于艾莎的魔力有何寓意这一点尚存争议，不过，如果我们不把这种魔力当作比喻，而是把它当作"存在于艾莎心中的无以名状之物"、西格蒙德·弗洛伊德只能用"它"[2]来称呼的一种渴望呢？艾莎一直隐藏着"它"。已经去世的父亲曾命令她自控，对于这种压制，她是抗拒的，后来终于获得解放。艾莎离开阿伦黛尔，进入雪山时，演唱了那首动人的插曲 Let It Go，而歌名的翻译却成了难题。《保留本真》[3]这个日文版翻译并未做到"信达雅"。这首歌如果直译的话，意思应该是"放开它吧"，一方面可以解读为"放手所有束缚，变得自由吧"，另一方面，"it"正是"它"，是在艾莎心中存在的、无以名状的"它"，于是我们也可以把歌词解读为"让它解放吧"。此外，这个"它"所指对象应该并不仅仅是异性。

艾莎的故事之所以动人，是因为她拒绝给无可名状的"它"命名，这种态度具有某种普遍性。艾莎既是努力逃离父亲禁令，即逃离家父长制的女权主义式人物，又未与任何男性产生关联，最终也只是觉察到与安娜的姐妹之情、女性之间的同盟之谊，从这个意义上看，

---

[1] 日语原版书名为『シンデレラ·コンプレックス』，可在本章参考文献中找到相应条目。——译者注
[2] 弗洛伊德认为，人的个性由三个动态的组织系统互动组成：本我（id）、自我（ego）、超我（superego）。其中"本我（id）"的命名中融入了"it"的含义，所以称为"它"。——译者注
[3] 日语翻译为「ありのままで」，是"一直保持本真的样子"之意。——译者注

可以说她一直都在否定支撑家父长制的异性爱情。

这部电影革命性最为突显之处，当然要数故事结尾了吧。安娜选择舍命相救的，不是"真正的王子"克里斯托夫，而是艾莎。在这个选择背后，她与克里斯托夫的结合倒显得无足轻重了。最后在冰场滑冰的场景中，克里斯托夫滑冰、跳舞的对象是驯鹿斯文，艾莎滑冰、跳舞的对象才是安娜。这部电影的主题已经不再是王子与公主的异性爱情，而是姐妹之爱。如果我说我在这个场景中看到了迪士尼对以往作品自我否定的集大成架势，也不算太夸张吧。

不过，关于这部电影的革命性，还有两点必须说明。

第一，所谓的革命并不是从这部作品突然开始的，而是存在一段漫长的革命历程。对灰姑娘式故事的否定，从《小美人鱼》（1989年）、《美女与野兽》（1991年）时就已初见苗头，而1998年的《花木兰》则是决定性的转折点。《花木兰》是一个彻头彻尾的女权主义者故事，其主人公木兰，反抗中国封建秩序，在代表男权社会精髓的军队中安身立命。而在《公主与青蛙》（2009年）中，拥有非凡厨艺的女主人公帮助了没钱没势的王子；《长发公主》（2010年）和《勇敢传说》（2012年）则探讨了女权主义相关主题——"母女关系"。其中《长发公主》描写的是从母亲般的人物那里重获自由的故事，《勇敢传说》描写的是母亲的自由解放与母女的和解。因此我们才说，《冰雪奇缘》是近20年迪士尼女性电影探索之路的集大成之作。

另外，还有一个更为本质的重要问题——在我们这个时代"革命"已泛滥成灾。比如，小泉纯一郎通过日本的邮政民营化改革实现了新自由主义，自导自演了"彻底毁掉自民党"的革命者形象，之后安倍晋三搞的是"重新找回日本"那一套，明明意识形态保守，却又要推进"女性的活跃"（男女共同参与社会）。就这样，新自由主义成为了革命。而不能把各种各样的革命与这个新自由主义革命区别开来则是我们政治的核心问题之一，女性则处在更为核心的问题当中。那么，关于这一点，《冰雪奇缘》中有没有论及？如果我们不去思考《冰雪奇缘》中的革命与新自由主义革命之间的差异和同一性，是不是对这部作品的评价就不算完整？为了探求这些疑问，首先我想先谈一谈这部电影作为"后女权主义教科书"的特征。

后女权主义者双人肖像

让我们来确认一下"后女权主义"这个词的意思吧。该词在使用上因使用者不同而差异巨大。在本书中，我不想把它当成后缀"–ism"[1]所代表的主义、主张式的名称，而是想把它当成说明某种状况的名称[2]。至于是哪种状况，美国文学研究者三浦玲一给出了如下定义。

> 后女权主义，以日本来说，是指1986年男女雇用机会均等法通过以后的文化，这是其特征。对追求先锋性、政治性的社会制度改革、作为集团社会和政治运动的第二波女权运动或者说是女性解放运动，后女权主义是批判和蔑视的，它主张摒弃因社会性连带引发政治运动的架构，通过个人各自参与市场化文化以达成"女性自我"的目标。这种后女权主义的诞生，与同时代自由主义的变化、改革有密不可分的

---

[1] 女权主义的英语原词是feminism。——译者注
[2] 作者在后文中多次提到"后女权主义状况"，这里便是"状况"一词的来源。——译者注

关系。这便是……新自由主义的诞生、新自由主义文化的蔓延（p. 64）。

第二波女权运动或者说女性解放运动是指60年代下半叶与民权运动、学生运动大潮方向一致的女性运动。如果说之前的第一波女权运动是为女性争取参政权、财产权等法律权益的运动（欧美很多国家在20世纪上半叶已经解决了参政权问题），那么第二波女权运动的焦点则是参政权这些法律制度也无法覆盖的女性权利问题。虽然第二波女权运动具有无法一言以蔽之的多样性，但可以说其问题主要集中在劳动权益、职场平等、主妇权益、受教育权、性与生殖权利（流产合法化等）上。此外，从历史角度看，我们应该明确一个事实，即第二波女权运动是在欧美福利国家中诞生的。在英国，经过战后复兴，20世纪60年代被称为"摇摆的60年代"，大量生产与大量消费往复循环，似乎马上就要实现充分就业的梦想。然而，这里的充分就业指的是作为"一家之主"的男性的就业。在福利国家，典型的家庭形态是男性工作、女性成为家庭主妇的核心家庭[1]。福利国家就是把这种性别歧视制度化的产物，而第二波女权运动则是对这种制度的抗议。

前文对三浦理论的引用中没有提及的是，后女权主义状况首先是指第二波女权运动的成果。实质上这是一场为女性争取一直未被

---

[1] "核心家庭"指由一对夫妇及未婚子女组成的家庭，也叫小家庭。——译者注

充分赋予的受教育权、工作权等权利的运动。当然，还不能说这些权利已经得到了真正意义上的实现（特别是在日本），但我们姑且可以把后女权主义定义为这些权利已经实现后的状况。

不过，后女权主义同时也是20世纪80年代以后新自由主义创造的成果，这是我想通过本书探讨的一个要点。新自由主义是一种现代政治经济思想的名称，在英国和美国分别以撒切尔主义和里根经济学为开端（日本的中曾根首相和他们处于同一时代）。请允许我先做一个也许众所周知的说明：新自由主义对先行一步的福利国家持批判态度。福利国家中，巨大的政府机构通过产业国有化及对经济的强行干预创造出刚才我们提到的生产消费良性循环。但是20世纪70年代景气初显疲态，这时获得优势的政治经济思想就是新自由主义。让我们来看看其中的经济思想。如果说福利国家的代表是英国的约翰·梅纳德·凯恩斯，那么新自由主义的始祖就是奥地利的弗里德里希·哈耶克（《通往奴役之路》[1]，中国社会科学出版社，1997年）。哈耶克的书，与其说写的是经济，不如说写的是政治，它控诉道：计划经济的归宿就是第二次世界大战中的极权主义。"消极"描绘极权主义黑暗记忆、以"积极"基本原理自居的新自由主义就是指市场自由和其中蕴含的竞争，其主张为：只有市场自由最大化，经济才能更上一层楼。由此原理出发，福利国家中国有化不断深化的各种产业开始转向民营化 —— 只不过，虽然privatization被翻译成"民

---

[1]　日文翻译版名为『隷属への道』，可在本章参考文献中找到相应条目。——译者注

营化"，但事实上并不是"民"进行经营，所以也许应该翻译成"私有化"。自由化、民营化便是新自由主义的口号（以身边的例子来说，有中曾根政权推行的国铁民营化、小泉政权推行的邮政民营化）。

这种政治经济思想中出现的个人伦理是"竞争"的伦理。该伦理认为，新自由主义也许扩大了经济格差[1]，但这种格差是公平条件下竞争的结果，不应该被否定。此外，个人竞争的阻碍，即集团性政治（特别是工会）则必须被否定，在市场巨浪中保护个人的中间物也必须被排除。

前文引用的三浦理论已经指出，新自由主义和女权主义的变化始于20世纪80年代。后女权主义基本上就是指这个新自由主义下的女性、女权状况。换言之，从第二波女权运动的政治目标中去除"集团性的社会变革"，以"个人的立身成功"取而代之，后女权主义的局面就形成了。男女雇佣机会均等法（以下称"均等法"）确实算是女权运动的成果吧。也许我们可以说，女性已经以个人身份得到了以精英竞争为目的的"环境"，这种状况就是后女性主义。第二波女权运动的某一部分（仅仅是一部分）与后女权主义状况及新自由主义之间存在的不仅仅是断裂，还有连续性。

我还想谈一谈思考后女权主义文化时一个极具特征的现象，即后女权主义创造了两种人物形象——俗话叫"败者组"和"胜者组"。作为后女权主义作品，经常被谈及的有《BJ单身日记》和《欲

---

[1] "格差"一词源自日语，意思是等级差别、差距，在中文里也偶有使用，特别是指社会地位、经济地位差距时经常用到。——译者注

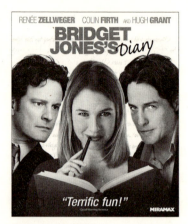

图1 | 雪莉·桑德伯格 *LEAN IN*　　图2 |《BJ单身日记》

望都市》，前者女主角布里奇特形象糟糕，她大口喝酒、无节制吸烟、为肥胖发愁，如果把她当作败者组角色的话，那么《欲望都市》中的四位女主角就是胜者组形象了，她们勤奋工作，以自己的方式享受生活。现实世界中，雪莉·桑德伯格则是胜者组的代表人物，她担任Facebook首席运营官，2012年被《时代》杂志评为"全球最具影响力百人"之一。另外还有一点也最好提前说明——她还是迪士尼公司的董事呢。

　　我先从一个临时结论开始阐述。《冰雪奇缘》之所以成为优秀的后女权主义教科书，是因为这部作品把两种类型的后女权主义者以姐妹的形式表现了出来。即，我要证明的假说图式为：安娜＝败者组后女权主义者，艾莎＝胜者组后女权主义者。也就是说，安娜就是布里奇特·琼斯，而艾莎就是桑德伯格，这是否可证呢？（**图1**）

安娜的异性爱情故事模仿了简·奥斯汀的《傲慢与偏见》。这也意味着它模仿了《傲慢与偏见》的滑稽版《BJ单身日记》。为了避免复杂的论述，我们先来比较一下《冰雪奇缘》和《BJ单身日记》电影版（**图2**）。布里奇特在出版社工作，某天在娘家的聚会上邂逅了律师马克·达西，不过，他老土的穿着和谈吐，没有给布里奇特留下什么好印象，而酗酒、抽烟、毒舌的布里奇特也让马克很不愉快。另一方面，布里奇特与英俊上司丹尼尔·克里弗因意外的机会迅速拉近距离。没过多久，出轨成性的克里弗同时勾搭两名女同事的丑事就败露了。省略掉后边迂回的情节，在故事结尾，布里奇特与马克跨越了最初的偏见，终成眷属，这与《傲慢与偏见》情节相似。

《冰雪奇缘》中相当于丹尼尔·克里弗这个角色的是欺骗安娜的汉斯王子，而马克·达西则相当于第一印象极差，最后才觉察到是真爱的克里斯托夫。丹尼尔从布里奇特的迷你裙打扮中看穿她想吸引男人的心理，于是玩弄了她，与此相似，汉斯王子也看穿了安娜的灰姑娘梦，于是利用了她的急切渴望。

我并不是想说《冰雪奇缘》的编剧实际上参考了《傲慢与偏见》《BJ单身日记》等作品。我想说的是，在后女权主义状况中，灰姑娘故事不得不采用这种模式。特别是在与艾莎的对比中，安娜处于布里奇特式的后女权主义者位置上。

接下来我们再来看看艾莎。如上所述，艾莎身上有一种强烈的、女权主义者式的自由渴望。这种渴望，把"（依附）男人"拒之门外。艾莎还有魔法技能，她也拒绝了与女性的关联，想要建立只属于自己的王国。这个人物中，融入了第二波女权主义者过渡到桑德伯格式后女权主义者的女性形象。这是因为艾莎身上同时也具备"战斗美少女"的特质。"战斗美少女"一词出自精神科医生、评论家斋藤环的里程碑式著作《战斗美少女的精神分析》（『戦闘美少女の精神分析』，2000 年）。《战斗美少女的精神分析》对近年来战斗美少女频繁出现于日本亚文化中的现象进行说明时，陷入了涉及精神分析的日本文化特殊性论 ["战斗美少女[1]是为虚构的日本式空间带来真实感的欲望节点"（p.321）]，与之相对，本书的目标则是"战斗美少女的社会性分析"。如三浦所述，日本动漫中的战斗美少女可以说是顽强存活于新自由主义世界的后女权主义式人物形象，她们的战斗力是对自由渴望的化身。这种渴望转变为不可控制的魔力，并进一步以艾莎创造的雪怪（棉花糖）这种骇人的形式具体展现出来，因此这部电影或许是反动的，不过这不是重点。安娜＝布里奇特式的败者组后女权主义者，艾莎＝桑德伯格式的、世界精英式的胜者组后女权主义者，二者的对立与和解才是这部电影的重点。

如果以上图式是正确的，那么问题就在二人的和解了。首先我想在这里明确说明：胜者组和败者组的对立图式是意识形态上的幻想。这种对立用成对的形式，假装构成了后女权主义者状况的全局，实际上它却是伴随着排斥的二元对立、伴随着排斥的全局。重点是要看透什么被排斥掉了。为做到这一点，我想先绕一点点弯路。

---

[1] 这里的"战斗美少女"日语原文是ファリックガール，即 Phallic Girl，斋藤环对该词的解释大意是："战斗美少女"是指与男根同一化的少女，即 Phallic Girl。——译者注

顶尖女子与布里奇特们的和解？

　　刚才我说的绕弯路，指的是先来看看英国编剧卡里尔·丘吉尔的作品《顶尖女子》。丘吉尔是以《九重天》（1979年）闻名的女权主义编剧。于1982年首演的《顶尖女子》，对于《冰雪奇缘》中构成后女权主义状况的对立已经做出了预言，而1982年这个时期恰好就是撒切尔主义和新自由主义诞生的前夜[1]（图3）。

图3 / 《顶尖女子》

[1]　请参考埃格林顿（エグリントンみか）把卡里尔·丘吉尔的工作内容和女权主义谱系结合起来进行的概述、对《顶尖女子》所做的评论。

主人公马琳就职于一家名为"顶尖女子"的劳务派遣公司——这种公司恰是雇佣流动化的新自由主义的象征。马琳刚刚击败男同事，晋升为董事。这部剧就以马琳庆祝升职的一场奇妙派对拉开帷幕。出席派对的都是代表各个时代的天之骄女：19世纪苏格兰女性探险家伊莎贝拉·伯德，13世纪日本天皇侧室、《不问而语》的作者二条，9世纪女扮男装登上教皇之位的琼安等等。这群天之骄女的对话，突显出一种希望突破各自时代"玻璃天花板"的苦恼，这既是天之骄女们的苦恼，也正是马琳的苦恼——"啊，我们这些人，为何如此悲惨？"（《顶尖女子》p.37[1]）

　　马琳苦恼的源头，在对派对外的现实世界进行描写的第一幕第二场之后浮出水面。最后一场戏中，通过马琳与姐姐乔伊斯的对话和争吵，我们可以弄清马琳的各种情况：马琳把自己从酒鬼父亲、患认知症的母亲所在的农村老家割离开来，这才取得了成功；以保洁工作为生的乔伊斯有个不成器的女儿安吉尔，但安吉尔实际上是马琳17岁时生下的孩子，却以乔伊斯女儿的身份被抚养成人。马琳让自己从所有这一切束缚中解脱出来，最终成为顶尖女子。她厌恶工人运动，赞赏撒切尔。不过，马琳的人生选择（如果真的有选择的话）——否认姐姐乔伊斯和女儿安吉尔所象征的农村、在职场上拼命往上攀爬，却是任何旁人都没有资格否定的。尽管如此，向上爬的过程中马琳确实不得不去否认共同体——对于她来说共同体就是与乔伊斯的连带，

---

[1]　日文翻译版为『トップガールズ』，可在本章参考文献中找到相应条目。——译者注

其苦恼便源自于此。这也是不争的事实。马琳把对亲生女儿的抚养责任以及照料劳动转嫁给了姐姐，这才获得成功，也就是说，她的行为与第二波女权主义所否定的那种依靠女性再生产劳动[1]而活跃于社会的男性如出一辙，且是有意为之。这成为了马琳孤立与苦恼的根源。这部作品的真正价值就在于，它在1982年这样早的一个时期，就表达出了天之骄女、胜者组后女权主义者不得疏解的烦恼。

我忍不住要这样去解读：是姐姐还是妹妹这个关系虽然相反，但马琳和乔伊斯分别就是艾莎和安娜的原型；《顶尖女子》里的姐妹就是两种后女权主义者形象的原型；马琳就是桑德伯格，乔伊斯就是布里奇特·琼斯。片面地看，确实如此。不过，我们必须注意到乔伊斯与安娜以及布里奇特之间的决定性差异。

乔伊斯具备，而安娜以及布里奇特不具备的东西，就是贫困和劳动。作为公主的安娜自不必说，连布里奇特都与劳动无缘，更别提贫困。也许有人会说，不对啊，布里奇特不是在出版社、电视台这些地方工作吗？然而，重点是这些工作都不是为了生存而不得不做的苦役，而且她从出版社辞职后不费吹灰之力就进入了电视台，这一点正好展现了与玻璃天花板之类的烦恼完全无缘的后女权主义状况。引申开来，应该可以说，从后女权主义二元对立中被排除出来的，就是苦役劳动和贫困。至此，我们就不得不踏入后女权主义的另一个重要侧面了。那就是劳动问题。

---

[1] "再生产劳动"英语原词为reproductive labor，在女性主义语境下也可称为"生殖劳动"，通常指与护理和家务相关的劳动，例如清洁、烹饪、照顾儿童等。——译者注

雪莉·桑德伯格并不存在

—— 全球资本主义与其原始资本积累

　　说起后女权主义状况，有人会提到"劳动的女性化"。它可能有两种含义。一种是劳动本身变得女性化了。即，（被认定为）女性化的劳动成为了典型的劳动。这是全球化进程下、在发达国家中成为支配力量的后福特主义劳动、非物质劳动的一个侧面。安东尼奥·奈格里（Antonio Negri）和迈克尔·哈特（Michael Hardt）用"情动劳动"一词来对此进行说明（除此之外，更为普遍的说法叫"情感劳动"，在本书其他章节中将使用"情感劳动"一词，但在本章中则统一使用"情动劳动"）。《帝国》续篇《诸众》（『マルチチュード』）中是这样定义情动劳动的：它是指"能生发并操纵安心感、幸福感、满足感、兴奋、热情等等情感波动的劳动"，具体来讲是指"律师助理、空中服务员、快餐店店员等（提供笑容服务的）工作"（上卷p.185）。此外，福特主义时代处于从属地位的家务劳动也是情动劳动的实例，情动劳动"从直接产生具有多样性的社会关系及生存形态这一点来看，乃是生命政治性生产"（上卷p.188）。情动劳动是以交流为基础、创造共同体的劳动。布里奇特从事的是媒体工作 —— 一种非物质性的情动劳动，此设定并非偶然。

关于情动劳动的畅想，均以消灭劳动的思想为背景。也就是说，那是一种在去工业化的发达国家实现体力劳动边缘化的畅想。在这个畅想背后，存在着劳动女性化的另一个侧面。

为了说明这一点，我想先探讨一下把桑德伯格归为胜者组时肯定会出现的反对意见。反对意见称，在日本，企业管理层、领导层中女性比例依然很低，这种情况下对桑德伯格式人物的批判是逆历史发展潮流的。确实如此，从这个意义上说，坚固的玻璃天花板矗立于前，我们必须打破它。然而，这与赞赏桑德伯格却不可混为一谈。为什么说这是两码事呢？想要了解这一点，劳动女性化的另一个含义就显得尤为重要了。这个含义就是，女性的劳动成为了全球资本主义原始积累的重要资源。如果思考一下均等法颁布后发生了什么，那么对以上观点就能有更具体的理解。在日本，均等法颁布后女性就业率确实上涨了，但上涨的就业率大部分是流动性的临时雇佣（Castells pp.292-93）。临时雇佣中，男女报酬格差问题愈发重要[1]。全球资本主义把这种男女报酬格差当作资本积累的重要资源。大卫·哈维在《＜资本论＞入门》（『＜資本論＞入門』）中指出，原始积累不仅仅是资本主义史前进行的积累，还包括目前在全球南

---

[1] 根据厚生劳动省发表的薪资构成基本统计调查，2016年男女报酬格差（男性100）为73.0，厚生劳动省在新闻稿中强调这是有史以来最小的格差，但与国际数据相比这个格差仍然是巨大的。http://www.mhlw.go.jp/toukei/itiran/roudou/chingin/kouzou/z2016/dl/12.pdf

方[1]、发达国家的中心地区进行的"剥夺性积累"。

　　"剥夺性积累"通过全球化系统整体不断扩大、深化，与此同时，还渐渐在资本主义核心地区内部化。我们不应该单纯地认为原始积累……或者说"剥夺性积累"……只与资本主义的初期历史相关。它是一直持续着的，并且最近渐渐作为重要因素而复苏。……所有一切——从剥夺土地、作为谋生手段的权利等等，到削减通过工人运动激烈的阶级斗争获得的诸多权利（比如养老金、教育、医疗），都可能是它涵盖的内容（p. 458）。

　　正如援引哈维理念的罗宾·古德曼（Robin Goodman）所说，我们当然应该在"所有一切"里加上男女报酬格差这一点（Goodman p.5）。对流动的、廉价的女性劳动力积极利用或者说是剥夺，成为了当前资本主义的一条生命线。女性劳动就是全球化经济原始积累的"内部殖民地"。这便是劳动女性化的另一层意思。
　　关于这一点，在之后的章节中还有详述，这里简单说一句，德国社会学者玛丽亚·米斯（Maria Mies）[2]把这种现象称之为"主妇化"。主妇化不仅仅是"女性成为主妇"这样的字面意思。其涵义是，

---

[1] "全球南方"（Global South）多用来指中低收入国家，因其地理位置多位于地球南部而得名。——译者注
[2] 其日语名为ミース、アリア，可在本章参考文献中找到相应条目。——译者注

如果我们说主妇的劳动是被资本主义式原始积累榨取的无偿劳动，那么面向女性的所有性别化劳动其实都如主妇的劳动一般，已经成为了被榨取的对象。

下边，让我们来看看桑德伯格究竟何许人也。她其实算是一块遮羞布，藏匿了报酬格差下被榨取的女性劳动者们。事情还可以这样讲，假设你现在是一名劳动女性，拿着与劳动内容不匹配的低工资，而这是因为你不能证明自己是国际化人才，是因为你没有成为桑德伯格。这个道理和全球化"血汗工厂"的道理相似。现在，假设你处在名不符实的管理层，不得不工作到过劳死的前一刻，而这是因为你还没有取得国际化人才的那种成功。也许将来某天你会觉醒，突然成为国际化人才，也许不会。这可说不好，总之，现在你还是坚持一天24小时一周7天这般工作为妙！

从这种角度对桑德伯格进行批判的是道恩·福斯特（Dawn Foster）的《探身离开》（*LEAN OUT*）[顺便说一句，桑德伯格写的《向前一步》（*LEAN IN*），意思是应摒弃身为女性的不自信与踌躇、全力投身于职场当中，而《探身离开》意思则是从中抽身]。福斯特强烈要求把桑德伯格所代表的现代女权主义称为"企业女权主义"。它推崇的是"不谋求国家支付的带薪育儿假以及更强有力的福利安全网这种女性集体权益，不提倡女性加入工会"（Foster p.11）。也就是说，企业女权主义的目标是通过个人努力实现女性解放，而不是通过集体政治行动。因此，"在企业女权主义的世界里，于核心家庭之外，甚至在休假之间，是没有市民生活、政治生活、感情生活的容身之地的"（Foster p.16）。

此外，福斯特的批判中还提出，使企业女权主义正当化的理论是"下层受惠论女权主义"[1]。该理论设想，极少数女性的富足被正当化后，其财富和地位就会向她们以外（以下）的女性"滴漏式渗透"。然而现实是，财富并不会滴漏式渗透。受经济不景气影响最深的是女性，"坐上国会议员、CEO等高位的女性数量每增加一点，同时就会有其三倍数量的女性，与20年前相比更加无法逃脱低薪资职业的魔掌"（Foster p.21）。于是作为新问题再一次出现的就是女性间的阶级格差。而对此持肯定态度的企业女权主义叙事，是"符合资本主义利益"的叙事（Foster p.21）。

如果福斯特的批判是正确的，那么虽然桑德伯格很不错——玻璃天花板确实一定要打破，但那必须要和同工同酬同时实现才行。此外，也要和对上文提到的劳动女性化、劳动力流动化和低廉化（以及由此引发的女性内部的分裂）的抗争同时进行才行。在新自由主义式竞争前提不变的情况下，只有很小一部分女性成为了幻影般的全球化人才精英，给剥夺式原始积累的真相盖上了遮羞布。我们必须要意识到"桑德伯格并不存在"。同时还要意识到，与桑德伯格互为对照的布里奇特也并不是真正的败者组。

被安娜和艾莎、布里奇特和桑德伯格这样的二元对立排除在外

---

[1] "下层受惠论女权主义"英语原词是"trickle-down feminism"，其中"trickle-down"源自"trickle down economics"一词，通常译为涓滴效应，又译作渗漏效应、滴漏效应、滴入论、垂滴说等。涓滴效应指在经济活动中不予贫困地区、弱势群体特殊优待，而是由富裕群体通过消费、就业等方式惠及贫困地区、弱势群体，带动其发展。——译者注

的，就是女性的劳动与贫困。最后，让我们再从劳动这个观点，来探讨一下《冰雪奇缘》以及《冰雪奇缘》之前的迪士尼作品源流吧。

没有劳动的世界与"爱"之共同体

    事实上,劳动主题在《冰雪奇缘》中是有所呈现的,而且就在影片开头——影片以采冰工人顽强劳动的场景拉开帷幕,这一幕出现在克里斯托夫的童年时代。长大成人的克里斯托夫也以铁骨铮铮的劳动者形象出现。而安娜的无能则与之形成了鲜明对比。

    回顾迪士尼电影的传统,就会发现,克里斯托夫这个人物形象是脱离近年潮流的。潮流,就是指描绘劳动主题的作品谱系,从迪士尼最早的动画长篇《白雪公主与七个小矮人》(1937年)开始,一直到《花木兰》(1998年)、《公主与青蛙》(2009年)。首先,在《白雪公主与七个小矮人》中,被七个小矮人藏匿的白雪公主从事的劳动是家务劳动。可以说白雪公主和小矮人构成了模拟的核心家庭。让我们先来看看1935年的时代背景。这个时期,富兰克林·罗斯福总统执政,社会保障法作为新政一环得以确立,福利国家体制开始萌芽。如果说小矮人是在外工作的丈夫、父亲角色,那么白雪公主就是全职主妇角色,在家庭内部进行无偿劳动,即再生产劳动。

    与之相对,近年来迪士尼电影表现的却是性质不同的女性劳动。

首先我们来看看《花木兰》，其女主人公（同时也是男主人公）[1]处在男性社会（军队）当中，却能与男人并驾齐驱、大显身手。其中有一个设定很巧妙：故事中压抑花木兰的封建、家父长制不是西方的，而是中国的（从这一点来看这部电影是纯粹的东方主义）。也就是说，《花木兰》不是露骨地否定西方（《白雪公主与七个小矮人》）福利国家，而是含蓄地（用第二波女权主义的方式）对再生产劳动进行批判。接下来再看看《公主与青蛙》，它是一部精确捕捉到"劳动女性化"主题的作品。主人公蒂安娜是一名非裔美国少女，拥有极高的料理天赋。她继承了亡父的梦想，希望能开一家自己的餐厅，为了存钱，她一直从事服务员工作。也许你会说，这里不就展现了女性的劳动吗？但是，《公主与青蛙》所描绘的蒂安娜的劳动，并不是被后女权主义文化排除在外的那种劳动。相反，它应该被看作白雪公主所从事的再生产劳动（家务劳动）的有偿版本（关于这一点请参考第三章）。也就是说，这部作品讲的是通过女性化情动劳动取得成功的故事。并且，这还是个一分耕耘一分收获的故事，现实生活中的激情剥削[2]，在故事里却得到了应有的回报。这部作品的王子一开始身无分文、一无所长（他的"无能力"和与之形成对比的蒂安娜的"有能力"，可以在蒂安娜教授纳温王子做菜的场面中得以确认），并且最后蒂安娜也是通过自己存的钱买下了餐厅，由以上两点可知，这

---

[1] 花木兰女扮男装，以男性形象出现，因此这里说"同时也是男主人公"。——译者注
[2] "激情剥削"是东京大学本田由纪教授提出的概念，指利用工作价值、工作意义等名目要求劳动者进行低报酬、高强度的工作。——译者注

个故事不是描写剥削的故事，而是描写通过情动劳动取得成功的故事。我们再回过头看《花木兰》，就会发现其实它所描写的劳动也拥有同等性质。花木兰女扮男装混入军队，击退匈奴保护皇帝，做的事样样大手笔，但她所有的功绩都是通过引发雪崩、妙用烟花等取巧的方式获得的。花木兰获得转机并不是利用男性化的武力，而是利用了男性的盲点，从这个意义上说，这些也可以被称为女性化的情动劳动。

《白雪公主与七个小矮人》中的家务劳动、再生产劳动作为女性情动劳动被市场化，但并没有成为被剥削的对象，而是最终融入了理想化的成功美谈 —— 在我们对此作品谱系做过梳理后，又要如何去解读《冰雪奇缘》中的劳动呢？

首先可以肯定的是，《冰雪奇缘》中乌托邦式的渴望，就是对"劳动消失后的世界"的渴望。艾莎的魔法会把阿伦黛尔王国封锁于永久的冬天，所以采冰这种体力劳动就可有可无了。此外，从故事中克里斯托夫的定位来看，采冰劳动的消失就等同于支撑福利国家运转的生产劳动的消失。有一些角色在叙事学中被称为协助型配角，《冰雪奇缘》中就有和《白雪公主与七个小矮人》中小矮人等价的协助型配角。这个等价的协助型配角并不仅仅指外表和小矮人相似的地精，其实作品中最重要的协助型配角正是克里斯托夫（也正因如此，安娜和克里斯托夫的结合实属画蛇添足。一般来说，不会有协助型配角和主角结合的情节）。那么，如前所述，如果说小矮人从事的劳动是福利国家中的男性劳动、象征的是福利国家式的核心家庭，那么对于担当同样叙事功能的克里斯托夫劳动的否定，就是对福利国家中劳动及再生产（带有性别歧视色彩的）体制的否定。由此我们可以判定，艾莎就是否定男性依赖的女权主义意志与希望劳动消失的全球资本主义思想的混合体。在《冰雪奇缘》之前的作品中，总有一些情动劳动来接替消失的劳动，如花木兰的临机应变、蒂安娜的厨艺等等。但是，在《冰雪奇缘》中，表面上根本看不到情动劳动占据中心位置的迹象，这才是该作真正具有革命性的地方。让我们回忆一下奈格里、哈特对情动劳动的定义：情动劳动是指产生"具有多样性的社会关系及生存形态"的生命政治性生产。对于全球资本主义来说，作为榨取的资源，情动劳动不可或缺。然而在《冰雪奇缘》中，情动劳动、生命政治性生产、异性爱情和以异性爱情为基础的福利国家体制一起被彻底否定了。不过，如前文所述，生命政治性生产也是共同体的生产。难道《冰雪奇缘》否定所有的共同体和交流沟通吗？这是在评价《冰雪奇缘》时避无可避的终极问题。

先给大家一个简化版的答案：这部作品并非要否定所有的共同体，而是要展示一种乌托邦愿景，即以"爱"为纽带的共同体。艾莎拒绝进行维持王国运转所需的情动劳动（指控制魔法、当上女王），而是把自己封在冰雪之城中，完成个体化。但她最后还是觉察到了真爱，从而回归共同体。这里的"爱"当然不是异性爱情 —— 它绝不可能是为帝国性生命政治奠基的那种爱。那么究竟是什么样的爱呢？对于这个问题，《冰雪奇缘》套用了奈格里、哈特在《诸众》（『マルチチュード』）中给出的结论。

对于今天的人们来说，怎么也想不到要把爱当作政治理念来理解吧。但是，我们为了理解群众的制宪权，需要的正是对爱这个概念的解读。近代说起爱的概念，几乎都限定在中产阶级情侣、核心家庭这类令人窒息的封闭空间内。爱已经成了私事。我们必须让那种与近代之前的传统相通的、公共及政治性的爱的概念复苏。（下卷p.254）

《冰雪奇缘》否定的是"近代的爱的概念"，这种爱的概念具有异性爱情的性质，是情动劳动的基础。此外，我们还能看到，影片中乌托邦式的大结局场景所指向的是非中产阶级式、非核心家庭式、非私人化的"公共及政治性的爱的概念"。奈格里、哈特为区分生命政治（情动劳动）和共同体的生产（再生产劳动），最终还是不得不诉之于爱，与此相仿，艾莎也把宝押在了真爱共同体上。

那么，产生这种共同体的劳动又去向何方了呢？实际上，最后的冰场画面中，劳动已经被展现出来了。这个大家玩乐的冰场是艾莎用魔法变出来的，它有没有引起你的某些联想呢？是的，就是迪士尼乐园。在这个场景中被展现出来的是终极情动劳动，也就是在迪士尼度假村这个国际公司中，"角色们"（就是工作人员）所付出的劳动。这是面向"客人"提供无限欢乐的、终极的爱之劳动（如大家熟知并赞誉的那样，该劳动几乎全部由不稳定的临时工和劳务派遣

员工所承担)[1]。至此，奈格里、哈特提出的爱之共同体已经和迪士尼度假村无法分割开来了。此外，该共同体既然是群众的共同体，那么也许它也是Facebook的共同体。桑德伯格的Facebook就相当于艾莎的魔法。而魔法的秘密，就是电影开头威斯顿公爵宣布要爆料的那个阿伦黛尔王国的财富秘密，那也正是迪士尼乐园的财富秘密。Facebook的秘密，就是从无偿加入的群众即"角色们"的无偿劳动、身份认同劳动中变幻出财富，如施展魔法一般。而苦役般的体力劳动、再生产劳动等等，已经被从中剔除。安娜和艾莎的爱、两人作为后女权主义者的连带，都是在这种剔除的基础上才得以确立。正是在这个点上，存在着后女权主义状况的真正愿望和困境。《冰雪奇缘》对此问题的表达，堪称优秀。

---

[1] 2014年迪士尼度假村的8名劳务派遣员工成立了"Oriental Land Union"，向东京劳动局提起申告，曝光迪士尼运营公司Oriental Land劳务虚假外包的真实情况，要求改善劳动条件、与Oriental Land进行公对公谈判。可参考松井克明《突遭迪士尼度假村解雇员工状告公司 疑似虚假外包及工作环境恶劣》(「ディズニーリゾート、突然の解雇めぐり従業員が会社を告発、偽装請負と劣悪環境の疑い」)*Business Journal.*（2014年5月22日）http://bizjournal.jp/2014/05/post_4918.html。

参考文献

Castells, Manuel. *The Rise of the Network Society, 2nd ed*. Chichester: Wiley-Blackwell, 2010.

Foster, Dawn. *Lean Out*. London: Repeater, 2016.

Goodman, Robin Truth. *Gender Work: Feminism after Neoliberalism*. New York: Palgrave Macmillan, 2013.

エグリントンみか「「トップ・ガールズ」のフェミニズム——キャリル・チャーチルの仕事をめぐって」川端康雄・大貫隆史・河野真太郎・佐藤元状・秦邦生編『愛と戦いのイギリス文化史——一九五一-二〇一〇年』慶応義塾大学出版会、二〇一一年、一八七～二〇一頁

齋藤環『戦闘美少女の精神分析』築摩書房、二〇〇六年。（大田出版より二〇〇〇年に刊行）

サンドバーグ、シェリル『LEAN IN（リーン・イン）——女性、仕事、リーダーへの意欲』村井章子訳、日本経済新聞出版社、二〇一三年

ダウリング、コレット『全訳版　シンデレラ・コンプレックス——自立にとまどう女の告白』柳瀬尚紀訳、三笠書房、一九八五年

チャーチル、キャリル『トップガールズ』安達紫帆訳、劇書房、一九九二年

ネグリ、アントニオ/ハート・マイケル『マルチチュード——＜帝国＞時代の戦争と民主主義』上下巻、幾島幸子訳、水嶋一憲・市田良彦監修、日本放送出版協会、二〇〇五年

ハーヴェイ、デイヴィッド『＜資本論＞入門』森田成也・中村好孝訳、作品社、二〇一一年

ハイエク、フリードリヒ『隷属への道』西山千明訳、春秋社、二〇〇八年

ミース、マリア『国際分業と女性』奥田暁子訳、日本経済評論社、一九九七年

三浦玲一「ポストフェミニズムと第三波フェミニズムの可能性——『プリキュア』、『タイタニック』、AKB48」三浦玲一・早坂静編『ジェンダーと「自由」——理論、リベラリズム、クィア』彩流社、二〇一三年、五九～七九頁

若桑みどり『お姫様とジェンダー——アニメで学ぶ男と女のジェンダー学入門』ちくま新書、二〇〇三年

［第二章］

无缘者们的共同体

——《狼的孩子雨和雪》与隐藏贫困

承认与再分配的窘境

　　进入正论前，本章将对一个稍嫌复杂但极为重要的论点进行梳理，那就是文化和劳动分离的问题。本书以被称为"大众文化"的文化为对象，对其中出现的劳动问题，以后女权主义状况的观点进行分析。一般来说，这种情况下所说的文化，应该是与经济、社会的文化以及劳动相区别的。说得复杂一点，我们都有一个普遍认知，那就是文化属于与经济基础相区别的上层建筑。

　　文化和劳动的分离正是本书，特别是本章要考察的问题。从一般性结论来讲，文化和劳动的分离，就是我们的现在 —— 新自由主义和全球化的现在 —— 的本质特征。我们生存于现在性之中，而限定并分离文化和劳动各自的含义，则是现在性的中心问题。

　　针对该问题，政治哲学家南茜·弗雷泽从性别学和女权主义政治观点进行了研究探讨。弗雷泽在 1997 年刊载的《正义的中断：对"后社会主义"状况的批判性反思》(『中断された正義 ——「ポスト社会主義」状況をめぐる批判的考察』) 中指出，"承认与再分配的窘境"已经成为现代女权主义政治的重要问题。一场争论由此爆发。弗雷泽把现在（从此时来说应该叫"当时"了，不过现在和当时大致状况没有变化）定义为"后社会主义状况"，并做了如下论述。

> 近年来，呼吁承认（recognition）群体间差异的主张备受瞩目，有时已经到了遮蔽谋求社会平等之主张的程度。这种现象可以从两个标准中找出端倪。当然从经验上说，我们一路看过来的是"身份政治"的兴盛、阶级重要性的减少、与之形成抗衡之姿的社会民主主义最近刚刚表现出的没落。然而，从更深层的标准来看，在政治的想象领域，特别是在想象公正（justice）时产生的观点中，我们正在目击的是一种明确的变化。很多行为人似乎都在转移重心——从把再分配（redistribution）当作公正中心问题的社会主义政治想象领域，转移到把承认（recognition）当作公正中心问题的"后社会主义"政治想象领域。（Fraser, *Justice Interruptus* p. 2）

在后社会主义时期，即1989年或者1991年后的后冷战期，曾经作为女权主义政治目标重要一环的再分配问题，从身份政治的承认问题中分离出去，甚至不再被提及。换句话说，这是社会性与文化性分离、社会政治和文化政治分离的问题。这也正是刚才提到的"劳动和文化"分离的问题。

简单来讲，阶级问题、劳动和贫困之类的问题从女权主义政治中分离出来，这就是弗雷泽的关注点。"是承认还是再分配"这个大胆的设问，直戳20世纪90年代后问题的核心，并引发了各种各样的争论[1]。我们无法深入了解这些争论，不过此处我想说明的是，在弗雷泽其他的论文中，刚才提到的后社会主义这种历史划分，与我在前一章命名的后女权主义状况几乎是重合的。这里说的其他论文是指《女权主义的命运——从国家资本主义到新自由主义的危机》（『フェミニズムの運命——国家管理型資本主義から新自由主義の危機へ』）中收录的《女权主义、资本主义、历史的狡猾智慧》（『フェミニズム、資本主義、歷史の狡知』）。在该论文中，弗雷泽论述了第二波女权运动是如何作为对福利国家体制（福利资本主义和成为其基础的核心家庭及家人抚养体制）的批判而产生的，还论述了该"批判"是如何与新自由主义对福利国家体制的批判合流的。下面引用其中一段内容，略长。

> 虽然听起来有些险恶，但我想启示大家的是，第二波女权运动在无知无觉中提供了新自由主义新精神的重要构成要素。当前，我们对家人抚养体制的批判，就要演变成灵活的资本主义，演变成具备更为高尚意义和道德优点的叙事的重要内容。女权主义的浪漫故事，为女性日日夜夜的艰苦奋斗

---

[1] 比如，可参考 *New Left Review* 杂志上朱迪斯·巴特勒的反驳和弗雷泽的应答。Judith Butler, "Merely Cultural." *New Left Review.* I-227(1998): 33-44. Nancy Fraser, "Heterosexism, Misrecognition and Capitalism: A Response to Judith Butler." *New Left Review.* I-228 (1998): 140-149. 并且，这2篇论文在《批评空间》（『批評空間』）II-23上有翻译版本。此外，弗雷泽和 阿克塞尔·霍耐特之间围绕该主题的争论，请参考《再分配还是承认？——政治、哲学论争》（『再配分か承認か？——政治・哲学論争』，加藤泰史监译，法政大学出版局，2012年）。

赋予理论意义，吸引了处于社会阶层两极的女性。其中一极是从事专业技术工作的中产阶级女性群体，她们试图打破玻璃天花板，态度决然。另外一极则是女性临时工、兼职人员、低收入服务业劳动者、家政人员、性工作者、EPZ劳动者（EPZ是"出口加工区"的意思，指国际企业在发展中国家建立的出口商品制造地区）、小额贷款借贷者，她们追求的不仅仅是收入和物质上的安稳，还有尊严、自我提高、从传统权威中的解放。在这两极之上，女性的解放之梦作为资本主义积累的原动力被利用。就这样，第二波女权运动中对家人抚养体制的批判走上了颠倒黑白的后半程。（Fraser, "Feminism, Capitalism, and the Cunning of History" pp.220-221）

"新自由主义新精神"一词，是对吕克·布尔当斯基（Luc Boltanski）和夏娃·希亚佩洛（Ève Chiapello）合著的《资本主义的新精神》的戏谑引用。布尔当斯基和希亚佩洛指出，资本主义已经从弗雷泽所说的国家资本主义（也就是福利资本主义）转变为以灵活的分散式权力为基础的资本主义，并且，这种变化正是由对资本主义的批判（1969这个年号[1]所代表的新左翼式批判）而引起的。这就是我在上一章

---

[1] 1969年发生了安田讲堂事件，日本全共斗运动进入高潮。——译者注

开头指出的"革命的反转"[1]。

　　据弗雷泽所述，该批判的重要部分是第二波女权运动对家人抚养制度的批判，或者说对福利国家体制的批判。第二波女权运动批判的是国家资本主义，也就是福利资本主义。这本身就是存在于承认和再分配两个侧面的批判，缘于第二波女权运动对于真正解放的渴望。但是这种渴望和批判被分解、被强行占有了，女权主义的解放故事为资本主义新精神的正当化提供了素材，这就是第二波女权运动的后半程。弗雷泽指出，这个女权主义故事吸引了处于两极的女性，即从事专业技术工作的中产阶级女性和非正式雇佣、作为低收入劳动者的女性。这一点值得深省。此处的两极正好和我在前一章提出的《冰雪奇缘》论相吻合，即胜者组后女权主义者和败者组后女权主义者的对立形象。换言之，这组对立形象就是桑德伯格这般人物可能代表的、打破玻璃天花板的国际精英（即使不到这种水平，也是从事专业技术工作的中产阶级）女性，和从事低收入劳动并从中寻找价值及自我解放的可能性、以此来忘却或者说隐藏被剥削事实的女性。而弗雷泽提出的一个更为重要的观点是，胜者组也好败者组也罢，都已经沦为资本主义积累的原动力。

　　所以，从这个意义上说，《冰雪奇缘》就是弗雷泽所说的"女权

---

[1]　关于新左翼革命和新自由主义革命的关系，请参考保罗·维尔诺（Paolo Virno）的《你还记得反革命吗？》（『君は反革命をおぼえているか？』），酒井隆史译《现代思想》（『現代思想』）25·5（1997年5月）：pp.253-69。

主义故事"的典型作品。《冰雪奇缘》确实是第二波女权主义式的、解放意愿似要溢出屏幕的作品。我并不是想说——我觉得弗雷泽也同样——这种意愿全部都被新自由主义式的资本主义所夺占，也不是想说这种意愿本质上都是新自由主义式的。我们看的应该是过程——本应包含承认和再分配、文化政治和社会政治的第二波女权主义是如何被分解、如何成为"资本主义新精神"的过程，以及这个过程中融入的愿望。

让我们再回到承认和再分配的问题。在弗雷泽所说的同时吸引胜者组和败者组的女权主义故事中，承认和再分配处于什么样的位置关系呢？首先，这个关系不可能是单一的。其中一种可能存在的关系是，文化上的承认隐藏了再分配上的不公（这个关系在本章后续内容中也将继续探讨）。另外，还有一种看法也存在可能性，即承认和再分配在现实中被解构了。换句话说，在被分解的女权主义故事中，"自我实现（承认）"完全被"拥有工作（再分配）"吸收了。这可以归类为2000年以后新自由主义的一个重要方面——"工作福利制"[1]的问题。也就是说，雇佣劳动和承认强有力地结合在了一起，而其他的承认形式以及雇佣劳动以外的有价值的劳动都再难得到认可。再换句话说，"承认和再分配的窘境"，其核心问题就在于"劳动究竟是什么"。什么是雇佣劳动，什么是雇佣劳动以外的劳动？上一

---

[1] "工作福利制"的英语原词是workfare，源自1996年克林顿宣称的"终结我们所知的福利救济制度（end welfare as we know it）"。以美国为首的西方国家大举推动福利制度改革，目标是减少单纯的社会福利救助、强制福利救助对象参与就业。——译者注

章提到的情动劳动（感情劳动）、生命政治生产以及更广泛的共同体生产中的劳动又该如何定位？—— 大概就是这类问题。

《狼的孩子雨和雪》与贫困的代际传承

以上铺垫略长。在本章中，我将探讨弗雷泽所说的承认和再分配关系中的一种典型形式，就是前文提到的"文化承认隐藏再分配不公"这种形式。换种说法就是，阶级差异及敌对性被转换为文化差异及敌对性并被隐藏的形式。更具体一点说，后者的文化差异在多数情况下是指人种、民族差异，而且在多元文化主义的愿景中是可以被完美消解的差异和敌对性。

图1 /《狼的孩子雨和雪》

值得深思的是，这种形式的叙事经常出现在一类成长故事当中。关于这类成长故事，我会在后边进行详细探讨。首先，我想聊一聊由细田守执导、2012年上映的动画电影《狼的孩子雨和雪》（图1）。

《狼的孩子雨和雪》故事梗概如下。

主人公"花"是东京某国立大学的学生。她与一个以体力劳动为生、有时偷偷潜入课堂学习的男子相遇，坠入爱河。但是某天，男子吐露了实情，原来他是一个狼人，一直以来隐瞒事实、以人类的身份生活。花接受了这个事实，继续与他交往。终于，两人之间有了爱的结晶，姐姐起名叫"雪"，弟弟起名叫"雨"。

某个雨天，男子想要为了孩子们（也是为了孩子们的妈妈？）捉只鸟，却掉进了水渠里，命丧黄泉。花成为了单亲妈妈，她退了学，努力抚养两个孩子，然而这两个孩子是狼孩，不能为世人所知，所以在城市里的生活越来越难维系，终于，他们举家搬去了乡下。

乡村生活虽然很艰苦，但孩子们终于可以以人类身份上学了。一个叫草平的转校生，说雪身上"有股动物的臭味"，于是雪开始躲避他，但草平一直追问雪为什么要躲着自己，雪不自觉就亮出了爪子，让草平受了伤。另一方面，雨没有办法适应人类身份，于是潜入深山，与他一直称为老师的狐狸不断进行深入交流。

在某个风雨交加的日子，留在学校里的雪向草平坦白，告诉他自己是个狼人。另一方面，雨则下定决心代替命不久矣的老师成为山主，他离开了花，以狼的身份隐于山中。

这部作品的主题是什么，其动人之处又在哪里呢？我想，可能就是雪和雨两个孩子各自的独立吧。所有故事都是以冲突发生、冲突消解的形式铺展开来的。《狼的孩子雨和雪》中，阻碍孩子们成长和独立的、应该被消解的冲突，正是他们身为狼孩的真相。

那么，如果我们去掉这个非现实的冲突原因，又会如何呢？也就是说，当我们拿掉狼孩这个素材，故事会如何变化呢？故事的前半部分大概会变成这样：花和某男子在学生时代就结婚了（当然男子不是学生而是蓝领工作者），为了养育孩子，男子勉强支撑，最后过劳死，而成为单亲妈妈的女方则脱离了精英发展路线，没有亲人帮忙，也得不到社会福利、保障措施的支援，于是只好转而向农村这个理想国谋求救助。

《狼的孩子雨和雪》的故事底盘，就隐藏着贫困代际传承的问题。该问题还会在后边的内容中进行详细探讨，简单来讲，雪选择与被母亲抛弃的同学草平结合，雨选择以狼的身份生存下去，不，还是让我们把狼这个要素去掉，雨选择在十岁这个年纪独立，也就是参与劳动，这些选择在现实中都算是重蹈覆辙。作品前半部分就暗示过花早年丧父、与亲戚们断联的处境。这样的花，又和被放逐于无缘社会[1]的男子相结合。而花的女儿雪，也走了母亲的老路。当然，早早离开学校、开始工作的雨，也是在复制父亲的人生，父亲曾（偷偷潜入教室）接受本来不属于他的大学教育，同时从事着体力劳动，最终被活活累死了。

客观来看，雨和雪似乎就是在复刻父母的贫困。但是，这部作品没有以提出这样一个现实主义问题作结，而是用动人的方式收尾。

---

[1] "无缘社会"一词出自日本NHK电视台的纪录片《无缘社会——无缘死的冲击》，这里的"无缘"指无血缘（没有亲人或家庭关系疏离）、无社缘（没有朋友等社会关系）、无地缘（与家乡隔绝联系）。——译者注

为什么作品能以动人的方式收尾呢？花对于向山而行的雨说的最后一句话是"好好活下去"，为什么这句话听起来非但不残酷，反而让人动容呢？现实中如果对十岁孩子说这样的话就太残酷了，不是吗？这些问题中就隐藏着围绕"文化和贫困"和我们所处的状况的本质。为了搞清楚这一点，我们有必要绕一些"弯路"。

新教育小说与成长故事的变迁

首先，我们要绕一条最重要的大"弯路"——把《狼的孩子雨和雪》当作一个成长故事来解读。不过，它究竟是什么样的成长故事呢？我们这个时代的成长故事一般又是什么样子呢？

文学史上，提到近代的成长故事（近代以前有没有成长故事是一个微妙的问题，所以也许不必特地说"近代的"），当属教育小说。最早出现的教科书式典型教育小说是歌德的《威廉·麦斯特的学习时代》（*Wilhelm Meisters Lehrjahre*），它描写的是童年时代到青年时代的自我形成过程。由于源自歌德，所以日语中bildungsroman这个德语词被照搬使用（英语中也照搬使用），而"教育小说"这个日语译法可能反而不太好懂[1]。如果直译bildungsroman这个词的话，bildung=形成，roman=小说，那么应该译为"自我形成小说"（实际就有提出此翻译方案的人）。

这里有一点需要注意：19世纪可以说是教育小说最繁盛的时期，

---

[1] 日语中提到教育小说，既有「ビルドゥングスロマン（bildungsroman）」这样照搬德语原词发音、用片假名标记的外来语，也有「教養小説（教育小说）」这样意译的汉字词汇。——译者注

这个时期的自我形成和我们现在所说的自我形成是不是一码事？显然，不可能完全一致。然而出乎意料的是，我们在读19世纪的小说或者看19世纪小说改编的电影时，却喜欢套用现代的成长观念去进行解读。

关于这个成长观念的变化，英国作家、文化研究者雷蒙·威廉斯在其著作《乡村与城市》（*The Country and the City*）中有过这样的论述。

> 乔治·艾略特的小说处在两种形式的过渡期，一种形式是社会、经济方面问题的解决与个人成功归属单一次元、迎来一系列结局，另一种形式是获得精神成长并实现自立的人独善其身般地远离，而后者中获得成长、自立的方式就是把单一次元扩张并复杂化，最后使其崩塌，与其保持距离并逃脱。（Williams p.175）

19世纪下半叶，乔治·艾略特（本名为玛丽·安·伊万斯）在英国以男性笔名发表小说。后边我还会请她出场，这里我想先说明一下威廉斯从艾略特作品中总结出的"过渡期"这个词的含义。

我们以威廉斯所说的乔治·艾略特为分界点，19世纪典型的教育小说（比如在英国可列举出狄更斯、勃朗特等人的小说[1]）就是指

---

[1]　狄更斯指Charles Dickens，勃朗特指Charlotte Brontë。——译者注

乔治·艾略特之前的小说。对于乔治·艾略特之后的成长故事，相信大家并不陌生，这些故事一般描写的是个人实现内心成长后独自离开自己所属的社会或束缚自己的社会。从以上观点来看，艾略特之前的故事——那些"社会、经济方面问题的解决与个人成功归属于单一次元"的成长故事，实际上也许比较难于理解。

比如我们可以想一想狄更斯、勃朗特小说中经常出现的遗产情节。夏洛特·勃朗特的《简·爱》（1847年）其实就是一个遗产故事。主人公简·爱是一个孤儿，在慈善学校上学，之后成为贵族（罗切斯特家族）的家庭教师。虽然身份不相匹配，但简还是与男主人罗切斯特相爱了，二人希望成婚，这时简才发现罗切斯特有一个精神病妻子（伯莎），被幽禁在阁楼中。于是简离开了罗切斯特。在她离开的日子里，伯莎放火烧了房子，罗切斯特受了重伤，失去了财产和健康。后来简终于回到罗切斯特身边并嫁给了他。

《简·爱》是一个女权主义式的、令人感动的成长故事，主人公简拥有强大的自我，然而我们却不能仅仅以简实现自我成长、从阶级束缚中解放的角度去解读它。这是因为，最后解决情节问题、让简和罗切斯特的结合成为可能的，是遗产——从罗切斯特身边逃走的简，得知在葡萄牙马德拉群岛上赚钱发财的叔叔为自己留下了遗产。

也就是说，简和罗切斯特能够结合，并不（只）是因为精神上的平等，而是因为经济上的对等。不，也许这种精神平等、经济对等的区分在19世纪的当下本来就不合理。或许就如威廉斯所说，"社会、经济方面的"成长，说白了就是阶级跨越，已经和个人的成长浑然一体、密不可分。即使我们去看狄更斯其他以男性角色为主人公的作品，也时不时会发现主人公实现阶级跨越或阶级回归、由隐藏遗产来补完情节的情况。

为了理解这种形式与现代式的成长有何不同，我们可以把目光转向20世纪。比如描写青春期迈向成人阶段这个过渡时期中的叛逆与某种成长的故事中，（以美国文学为例的话）杰罗姆·大卫·塞林格的《麦田里的守望者》（*The Catcher in the Rye*，1951年）就是一部极具代表性的经典著作。这部小说描写了主人公霍尔顿·考尔菲德被高中开除后在纽约的三日流浪。这正是威廉斯所说的个人故事——"与社会保持距离并逃脱"。然而，《麦田里的守望者》中的精神成长是指什么呢？答案就如书名所示，是成为自己所向往的那一种人——孩子们在麦田里玩耍，如果有谁快要坠落悬崖，那么自己就去抓住他（Salinger p.173）。

激进一点讲，赋予《狼的孩子雨和雪》感人力量的就是这种向往。《麦田里的守望者》中的霍尔顿，受到的是社会方面和经济方面的双重排挤。还有一种说法，认为他是精神病患，总之，霍尔顿所要面对的未来肯定无法逃脱贫困的命运。虽然被社会排斥，但是他拥有一片不会让孩子们从悬崖坠落的麦田，那就是他的乌托邦。此乌托邦并不虚无。从历史角度看，比如在美国，此乌托邦就是1930年代后逐渐实现的愿景——一个具有包容性的福利国家。不过，仅仅把麦田当作福利国家的愿景来解读，这是否可行，我们还必须持保留意见。因为，福利国家只是用自由的理想国愿景干掉了本应从社会、经济方面解决的问题（也就是阶级和贫困问题）。

20世纪（和21世纪）"自由的理想国愿景"之一，是多元文化主义。目前，我们可以说多元文化主义指的是这样一种理想：虽然世界是通过文化、人种的对立性确立的，但正因为如此，只要我们消除文化及人种对立性，以求同存异的方式肯定差异，那么就能实现世界大同。然而问题的重点是，这种敌对性和消除敌对性的愿景却让其他的敌对性隐而不见。

现在——现在是指后殖民主义的现在，以及后冷战期，还有弗雷泽指出的后社会主义的现在，就是在这样的现在，我们的成长故事已经被多元文化主义所覆盖。这一点对于理解《狼的孩子雨和雪》的真相具有决定性作用。不过为了说明这个道理，我还想再聊一聊《哈利·波特》系列和石黑一雄的《莫失莫忘》[1]（*Never Let Me Go*）——这两部作品中都能找出与《狼的孩子雨和雪》相同的模式。

---

[1] 目前中国大陆有两个中文译本，一个版本是2018年上海译文出版社出版发行的《莫失莫忘》，另一个版本是2011年译林出版社出版发行的《别让我走》。——译者注

《哈利·波特》《莫失莫忘》与多元文化主义

仔细分析一下以上探讨的内容，我们可以得出以下结论：现代新教育小说搞的把戏，其实就是把阶级调换成（自由主义的）文化差异。现代最流行的校园故事之一《哈利·波特》也不例外（**图2**）。以这个角度对《哈利·波特》进行的解读，可参考三浦玲一《选择、新自由主义和多元文化主义——作为全球化时代文学的<哈利·波特>系列》（「選択と新自由主義と多文化主義——グローバル化時代の文学としての『ハリー・ポッター』シリーズ」）一文。接下来我会以三浦玲一的论述为依据，展开更深入的探讨。

首先，之所以说《哈利·波特》这个校园故事是新自由主义式的，正是因为它对学校持否定态度。《哈利·波特》虽然采用了校园题材，但描写的却是学校和官僚（也就是魔法部）的腐败，并反复强调书本知识在实践中不

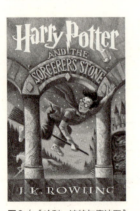

图2 |《哈利·波特与魔法石》

顶用。这种基本结构否定的是福利国家制度，称颂的则是站在制度之外的角色们的革新精神。

这部作品中多元文化主义的要点，在于哈利、魔法学校校长邓布利多与黑魔王伏地魔之间的敌对关系。邓布利多曾表示，就算是与伏地魔的对决，都可由自由意志决定。对此，三浦做了如下说明。

> 连与伏地魔的对决都可由自由意志决定，当邓布利多表达这种一般人无法理解的意识形态时，他的立足点在于多元文化主义的宽容。这就是把与"恶"的对决，当成脱离善恶的异文化"差异"去处理。（p.44）

就这样，《哈利·波特》重新措词，把冷战时期那种善恶二元对立转换为后冷战时期那种多元文化主义式的文化差异。准确来讲，邓布利多的理念不仅仅在表达"伏地魔和我们之间的差异属于文化方面的差异"，他的理念更是在表达："伏地魔与我们不同，他抱持不接受文化差异的思想，只要有这种思想，就是他者。"

那么，如果把善恶二元对立解读为阶级文化差异呢？思考这个问题时，《哈利·波特》采用了教育小说题材这一点至关重要。故事初始，哈利的设定是一个孤儿，被亲戚达利一家收养，而达利一家对待他的方式形同虐待。这种题材是19世纪教育小说的常见套路。其实，联想一下狄更斯的诸多作品，包括刚才讨论过的《简·爱》，以及艾米莉·勃朗特的《呼啸山庄》等就能略知一二了。只要是19世纪的教育小说，那么主人公在后来的剧情中就会实现阶级跨越，或者是由于发现隐藏遗产，实现"阶级回归"，这与我们刚才讨论过的内容相一致。

当然，哈利的经历确实不叫阶级跨越，而是对本我的探究和觉醒。哈利是人类与巫师结合所生的混血儿，对混血这个自我身份的探究成为了整个小说系列的核心（没有纯正血统而是混血身份，这就是多元文化主义的表现之一）。这正是因为《哈利·波特》也是一部新教育小说。这部作品把阶级跨越的设计转换为了寻找自我的故事，或者说文化差异的故事。

下面，让我们再从另一部现代校园故事中找一找同样的巧妙构思吧。那就是石黑一雄的《莫失莫忘》（2005 年）（**图 3**）。这部作品中也使用了孤儿题材。《莫失莫忘》中的出场人物都是不知父母为何人的克隆人，也就是孤儿。他们基本上只有名字和由一个字母代表的姓氏。这样说来，他们就读的学校（黑尔舍姆）就相当于孤儿院。和《哈利·波特》一样，《莫失莫忘》也对孤儿主题进行了挪移，从阶级故事转向了人种身份探究的故事。以下这个场景，就用一种完美的形式对此进行了象征性描写。

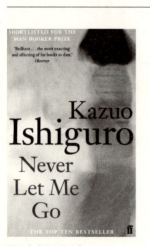

图 3 /《莫失莫忘》

我〔叙述者、主人公凯西·H〕躺在一块旧油毡布上看书，正如我前面提过，读的是《丹尼尔·德龙达》，这时露丝漫步而来坐到了我身边。她仔细看了看我书的封面，然后自说自话地点了点头。又过了大约一分钟，不出我所料，她果然开始跟我讲《丹尼尔·德龙达》的故事大概。（p.122）[1]

　　这里，凯西正要阅读的那本书是《丹尼尔·德龙达》（*Daniel Deronda*，1876年），该情节意义重大。《丹尼尔·德龙达》就是前文中威廉斯列举出的作家乔治·艾略特的作品（这真的是偶然吗？）。《丹尼尔·德龙达》的主人公也是孤儿，故事内容则是孤儿寻亲。从这个意义上说，此处《丹尼尔·德龙达》的出现，也许正好可以明示《莫失莫忘》的性质——它归属于《丹尼尔·德龙达》这类教育小说的传统。

　　但是，如果我们把《丹尼尔·德龙达》当成一部反转教育小说，又会怎么样呢？也就是说，主人公丹尼尔和以往故事中的孤儿不同，在养父母身边已经成长为一位英国绅士，没有阶级回归的必要。并且，在故事结尾，丹尼尔得知自己的生母是一个拥有犹太血统的歌剧演员，于是决意舍弃英国绅士的身份，去往东方。这与狄更斯《大卫·科波菲尔》中回归绅士阶层的情节完全相反，在《丹尼尔·德龙达》中，孤儿状态的解除意味着阶层的没落。取而代之补完情节的，

---

[1] 此段中文翻译摘自上海译文出版社2018年译本，而这里标注的页码是日文版译本的页码。——译者注

是对犹太血统这个身份的自我觉醒。换句话说，这部小说主人公的成长，不是阶级跨越、阶级回归等等，而是人种身份上的自我发现，这一点和《哈利·波特》不谋而合。从这个意义上看，《丹尼尔·德龙达》在1876年这个相对较早的时期，就已经成功预见到了多元文化主义式的故事结构——通过转化为人种差异的方式消解阶级敌对性。

于是，把《丹尼尔·德龙达》内嵌进来的《莫失莫忘》，就可以算是一部新新教育小说了，它已经把"使用人种差异替换阶级敌对性"这种形式对象化、意识化、主题化了。那么我们的关注点就变成了如下问题：故事主人公们想要如何与孤儿、克隆人的身份状况进行和解？

如果他们用阶级问题的角度把握自身状况、寻求解决方法，那么即使他们采取向人类发起革命这样的方式也不足为怪。不过，他们完全想不到暴力革命这样的手段，对于自身命运几乎全盘接受，某种意义上说，这真是让人匪夷所思。（这个"放弃"的主题与《长日将尽》中主人公史蒂文斯相同。）他们试图逃离命运的方法，其中之一是证明真爱、拖延器官捐赠，后来证明这个方法不过是一个不实传言。而另一个方法，则非寻亲莫属。

克隆人的寻亲故事，从第十二章开始持续数章，构成一段较长的连贯内容。首先，此处让人感到讽刺（又残酷）的是，在得到关于原型（即父母、为克隆人提供基因的人）的目击信息后寻找原型，这是试图揭示《丹尼尔·德龙达》故事梗概的题材。这一点暂且不论，重点是，克隆人的寻亲从定义上说（和丹尼尔的寻亲不同）不可能引发自我觉醒。他们就算找到了父母即原型，得到的也仅仅是一种"我或许应该活成这样"的可能性。

> 然而我们所有人，或多或少都相信如果你见到了自己的原型，就会获得某些洞见，关于自己的深层真相，你就能看到生活中一点关于未来的可能性。（p.140）[1]

确实，寻亲是一种自我身份的探究。但问题是，他们是克隆人，即使找到父母也不能带来任何现实中的变化。也就是说，他们没有被赋予像丹尼尔·德龙达那种去往东方的解决方式。他们被赋予的只有"我或许应该活成这样"的可能性，他们的人生，即捐赠器官然后死亡的命运，不会发生任何现实变化。

另外，我们也能以此说明一个巧妙的情节安排——为什么《莫失莫忘》中主人公是克隆人的这个真相没有被设计为亟待解决的谜团。石黑本人曾经在采访中表示，这部小说"并不是一旦知道答案就不能顺利读下去的悬疑小说"（石黑《<莫失莫忘>与村上春树》p.134[2]）。相反，主人公发现自己是克隆人的真相（我觉得灵敏的读者很早就会发现），这对小说情节冲突的解决没有带来任何作用。因

---

[1] 此段中文翻译摘自上海译文出版社 2018 年译本，而这里标注的页码是日文版译本的页码。——译者注
[2] 日文翻译版名为「『わたしを離さないで』そして村上春樹」，可在本章参考文献中找到相应条目。——译者注

此，主人公们的自我发现没有任何意义。正是这种无意义，赋予了小说一种毛骨悚然的基调。

《莫失莫忘》把孤儿题材从阶级故事挪移到人种身份的自我探究故事中。不过，还不止于此。《莫失莫忘》把人类和克隆人这种最要紧的人种差异以绝对真理的形式保存下来，由此就暴露出一个真相——人种身份的自我探究毫无意义，从这个角度看，它也给《哈利·波特》这样的多元文化主义新教育小说划定了底线。

无缘者们的共同体

牵出以上全部伏笔，那么，《狼的孩子雨和雪》这部电影究竟讲的是什么——这个问题的答案就不言自明了吧。

首先我们必须了解到，东京这个大都会与乡村这个共同体的对立把《狼的孩子雨和雪》一分为二，这一点与《哈利·波特》中对学校和魔法部的否定实质上是相通的。

花搬到乡村，开始务农，但还保持着精英大学生原本的作风，她借来大量文献学习、参考，但所有尝试都失败了。这时，名叫韭崎的邻居出现了，这位老爷爷一开始对花很不友好，但明里暗里都在帮助花。以此为契机，花开始慢慢融入乡村共同体。这些内容是想通过与疏远淡漠的城市对比赞扬乡村共同体吗？我觉得未必，此处发力点实际作用在对学历和书本知识的否定上。某种意义上说，这和《哈利·波特》一样，都是在表达教室里学到的魔法知识在实践中百无一用。

然而，我们还应该想到，《狼的孩子雨和雪》中乡村共同体的愿景，是细田守导演对前作《夏日大作战》（2009年上映）的复刻，所以它被赋予的是更深远的重要性和更深切的愿望。也许我们应该这样理解：不管在哪一部作品中，乡村共同体都是对城市非共同体、（《夏日大作战》中）网络假想空间（非）共同体的补充想象，是对新自由主义缺失安全保障这个现状的虚构补偿。也就是说，通过提出乡村社区[1]（该词由德国社会学者滕尼斯[2]提出，指由地缘和血缘结成的共同体），来证实城市（和网络空间）社会的不健全。花最终下定决心搬到乡村，是在接受了"儿童相谈所"[3]工作人员的家访之后。工作人员明显不是想救助这个生活困窘的单亲妈妈，而是因怀疑花对孩子虐待、照顾上有失职行为才采取了家访手段。从该情节中我们可以确定的是，政府实际上不会救助花，也不认为花应该得到救助。

于是，在《狼的孩子雨和雪》中，乡村就成了对福利提供者国家和对教育提供者大学制度进行否定的场所。因此，用肯定的态度展现乡村共同体，反过来讲也是对新自由主义的现在的追认。并且，重要的是，正因为用乡村做背景，贫困的代际传承才被文化上的身份选择所隐藏。

前边我们提到，雨以狼的身份入山、试图离开母亲实现独立，如果从他的这个决定中去掉狼的比喻成分，那么这其实就是在10岁的年纪参加劳动的决定。肉眼可见，他会和他的父亲一样走上贫困之

---

[1] 这里的"社区"使用的是外来语ゲマインシャフト，德语原词为 Gemeinschaft，一般也译作"共同体"，本书中为与"共同体"一词进行区分，故使用"社区"这个译法。——译者注

[2] 指 Ferdinand Tonnies。——译者注

[3] 儿童相谈所是日本的地方自治行政机关，从事维护儿童福利、扶助问题家庭等各种活动。——译者注

图4 / 雪的坦白（《狼的孩子雨和雪》）

路。故事使用身份选择这个糖衣把贫困和阶级问题包裹、隐藏起来。
而在雪对草平坦白真相的场景中，这个问题迎来了矛盾高潮（**图4**）。
在该情节中，对人种差异（这里是指人类和狼人的差异）宽容的肯
定，让故事得以完整。但是，让这种肯定成为可能性的条件是什么
呢？雪的坦白是在听完草平的坦白之后，草平告诉雪，他母亲再婚、
怀孕之后，自己就成了没人要的孩子。也就是说，雪能够坦白，是
因为她确认过，草平也和自己一样，是被放逐于无缘社会之人。这
里有一条重要的伏线——花实际上也身处无缘的环境。故事开头曾
提到过花没有父亲，而且更明显的是，花成了单亲妈妈后无依无靠。
既没有亲人，也无法依赖福利制度。自主选择了无缘者共同体的雪，
就是在重复妈妈的境遇，也是在复制和妈妈一样的贫困。

耐人寻味的是，雪的这个选择，也是在复刻乔治·艾略特《丹尼
尔·德龙达》中主人公丹尼尔的选择。丹尼尔因得知自己是犹太人，

于是承认了对米拉（一个贫困的犹太歌手，想要跳水自杀时被丹尼尔所救，帮助丹尼尔寻找家人）的爱，决心和她一起去往东方。《丹尼尔·德龙达》中人种同一性的确认[1]，在《狼的孩子雨和雪》中被替换为无缘社会的共享[2]。反过来讲，《狼的孩子雨和雪》把无缘社会这种阶级、贫困问题，当作人种差异问题那般处理了。不管是《丹尼尔·德龙达》还是《狼的孩子雨和雪》，其中对人种差异的肯定都解决了情节上的问题，但这种解决，并没有保证出场人物实现阶级上升，更不能保证为阶级社会带来任何变化。[3]

当然，只看电影表面形式，是无法做出以上解读的。我们会说，这部电影并不是关于贫困代际传承的作品，并且，一般我们对于阶级问题没有得到解决的故事也不会产生违和感，这都是因为，多元文化主义题材以及多元文化主义中积极进行自我身份选择的题材太过强势的缘故。

就这样，《狼的孩子雨和雪》把贫困代际传承这样的再分配问题替换成了人种差异的肯定和超越这样的承认问题，并以后者解决了前者。然而，以上这些就是作品的全部吗？——最后的最后，我们对此仍应存疑。该疑问和弗雷泽提出的以下问题平行存在：女权主

[1] "人种同一性的确认"，是指丹尼尔承认与米拉同为犹太人。——译者注
[2] "无缘社会的共享"，是指雪选择了与自己一样身处无缘社会的草平。——译者注
[3] 这里所说的多元文化主义，也可置换为温迪·布朗（Wendy Brown）所说的"宽容"。布朗说，现代的宽容是脱政治化的一种形式，"不得不从政治上分析、解决的不平等、归属、边缘化、社会对立等问题，一方面可作为人格方面的、个人的问题，另一方面可作为自然的、宗教的、文化的问题来进行说明"（ウェンディ·ブラウン『寛容の帝国——現代リベラリズム批判』向山一恭译，法政大学出版局，2010年，p.21）。只是，布朗提出的"社会和文化"分离的问题（这当然就是弗雷泽所说的再分配和承认的问题），是否真的作为分离的问题、有意识地把目标指向了问题的解决，这很难在此注中给出结论。

义故事的全部都带有新自由主义色彩吗？换言之，对于《狼的孩子雨和雪》这部作品的新自由主义特质以及多元文化主义思想中融入的愿望，全部都能当成妄想而弃之不顾吗？

在思考这个疑问时，我们有必要采取刚才谈到相关作品中城市与乡村的对立时提出的思考方式。也就是说，这部作品在展示城市的新自由主义状况时，是把它与理想的乡村共同体并列展示出来的。一方面，对乡村的肯定，本身就是对福利国家制度的否定，这便是新自由主义的性质。然而，从愿望这个层次去考虑时，处于肯定与否定辩证法根源的又是什么呢？此处被奉为愿望的，难道不就是根本没有必要逃离的城市吗（至此，城市就不是字面意义上的城市了，而是与前文中的"社区"相对的"社会"[1]，即近代无地缘、无血缘性质的社会）？没有逃走必要的城市、社会，是指即使处于无缘状况也不会招致排挤的、终极的包容社会。换言之，《狼的孩子雨和雪》的愿景——当然这个愿景很危险——就是社会成员皆无缘却依然能够构成"社会"的那种无缘社会。

同理，多元文化主义也是如此。《麦田里的守望者》中展现的乌托邦，就是一个终极的包容社会。所以，霍尔顿的乌托邦可以解读为福利国家的形式，如果放在现在，也可解读为自由主义的、理想化的多元文化共生社会愿景。《狼的孩子雨和雪》所祈愿的无缘社会，就是现代版的霍尔顿麦田。那是一种个人不断被彻底个人化，却又

---

[1] 这里的"社会"使用的是外来语ゲゼルシャフト，德语原词为 Gesellschaft，是和 Gemeinschaft 表示的"共同体（社区）"相对应的概念。——译者注

不会遭遇排挤的社会，从这个意义上说，它就是终极的新自由主义，也是终极的福利国家[1]。花最后对雨发出的"要好好活下去"的呐喊，就是新自由主义式的呐喊，与此同时，也是对没有母亲庇护、成为无缘人后也能好好活下去的社会的呼吁。在那样的社会里，再不需要把贫困替换成狼的人种差异，贫困就是贫困。《狼的孩子雨和雪》渴求的是不必再去替换概念的社会，从这个意义上说，它算是一部展现乌托邦思想的作品。

---

[1] 这与无条件基本收入制度的理念相近。无条件基本收入制度以个人为单位发钱，而不是以家庭为单位，因此它是彻底贯彻保障制度个人化的理念，同时，不做财力调查就对所有人（虽说是所有人，也仅限于"国民"）发钱，从这个意义上说它是彻底包容的理念。关于无条件基本收入制度，包含批判意见在内的讨论可参考萱野稔人主编的《无条件基本收入制度是不是终极社会保障 ——"战争"与"平等"的保障制度》（『ベーシックインカムは究極の社会保障か ——「競争」と「平等」のセーフティネット 』，堀之内出版，2012年）。此外，从无条件基本收入制度不保证性别公正这个视角进行批判性探讨的著作有坚田香绪里的《无条件基本收入制度和性别学 —— 从艰难生存中的解放》（『ベーシックインカムとジェンダー —— 生きづらさからの解放に向けて 』，现代书馆，2011年）。

尾声

——《只有我不存在的城市》是现代版的《麦田里的守望者》

《狼的孩子雨和雪》于2012年公映，就在那一年，三部敬的漫画《只有我不存在的城市》(『僕だけがいない街』)开始连载，赢得了颇高人气，已经被改编成动画和真人版电影。在结束本章之前，我想简单聊一聊这部作品。

之所以提到这部作品，是因为它也是在表达本章结论中那种对终极包容社会的虔心祈求，从这个意义上说，或许可以称之为现代版的《麦田里的守望者》。

《只有我不存在的城市》主人公藤沼悟，29岁（2006年的时候），是一名漫画家。他拥有自称为"再上映"的穿越时空的超能力，当事故、事件发生时，他可以穿回发生前的时间点，并改变过去。某天，当"再上映"发生时，悟的母亲佐知子无意间看到一个人试图诱拐幼女，同时还发现，这个人就是1988年发生在北海道的连环杀害幼童事件的犯人，并且可能是自己认识的人。连环杀害幼童事件发生时，悟还是个小学生。虽然这次的罪行被扼杀在了摇篮里，但犯人感知到被认出的危险，于是在悟的公寓里杀害了佐知子。由于犯人巧妙的设计，佐知子尸体的第一发现者悟反而成了犯罪嫌疑人，受到警方追捕。在被警察逼到绝路的那一瞬间，悟穿越回了1988年，也就是他还在上小学的时候。那时，正值连环杀害幼童事件发生前夕，于是悟开始履行拯救第一被害人雏月加代、寻找真凶并改变过去的使命。

之后的细节和结局暂且不论，这部作品的重点在于雏月加代被犯人诱拐的原因：受到母亲虐待、在班中被孤立，于是放学后经常独自待在公园里；也因此，悟的使命就成为"不让加代落单"（也不让其他的受害人落单）。于是，他和同学贤也、广美等人成为了加代的朋友。经历过一次救助失败后，又重新穿越了一次，最终把加代从事件中拯救出来。

这个故事与本章的结论相得益彰。由于"穿越"这个情节构成，故事能够以挽回失败、实现全胜人生为目标。于是，这部作品所要表达的主题就变为："只有不再孤单，人生才能完整。"也就是说，这部作品与霍尔顿·考尔菲德怀有同一个梦想："希望成为在麦田里的救助者，阻止孩子们从悬崖坠落。"这与《狼的孩子雨和雪》所祈求的完全包容的社会梦想也一脉相通。

不过，我们也可以对这个主题进行反向思考。比如，"孤独的人生是失败的"。这么颠倒一下，主题就突然变得沉重起来，令人窒息，这便是它的两面性，同时也是现在这个包容社会的两面性。"孤独的人生是失败的"——这听起来也像是强调沟通能力的后福特主义向我们发出的命令。在这一点上，这部作品恐怕就要与《狼的孩子雨和雪》分道扬镳了。这是因为，如果说《狼的孩子雨和雪》追求的是完完全全的"无缘社会及包容社会"，那么《只有我不存在的城市》追求的就是具有相当程度的亲密感情的共同体。

同时，《只有我不存在的城市》承袭了本章提到的各部作品中"用文化解决阶级问题"的模式。加代的问题确实是犯罪受害问题，但在那之前，首先是一个阶级问题。和悟一样，加代也生活在母女相依为命的家庭当中，其困境的主要原因在于贫穷。但是，这部作品的处理方式却是把贫穷造成的结果 —— 孤立当成了困境和悲剧的根源。

最后让我们再来看看另一部主题相似的作品 —— 由大今良时创作、被改编为动画电影的漫画作品《声之形》（『聲の形』）。在这个故事中，主人公石田将也的身份是高中生，一直想为小学时犯下的"罪行"赎罪。所谓的罪行，就是过去曾欺负过有听觉障碍的同学西宫硝子。这部作品中，主人公也清算了自己对别人施加的排挤（不过，也因为这样，主人公自己最后也被欺负、被排挤了），创造出一个没有孤立的社会，因此得到了成长。这个故事也是同样的构思，即通过"被排挤的失败"（指将也自身受欺负）发现"绝对不能让排挤存在"，从这一点来看，它和《只有我不存在的城市》具有相同的两面性。

参考文献

Eliot, George. *Daniel Deronda*. Oxford: Oxford UP, 2014.

Fraser, Nancy. "Feminism, Capitalism, and the Cunning of History." *Fortunes of Feminism: From State-Managed Capitalism to Neoliberal Crisis*. London: Verso, 2013. 209-226.

---. *Justice Interruptus: Critical Reflections on the "Postsocialist" Condition*. New York: Routledge, 1997.〔ナンシー・フレイザー『中断された正義――「ポスト社会主義的」条件をめぐる批判的省察』仲正昌樹訳、御茶の水書房、二〇〇三年〕

Ishiguro, Kazuo. *Never Let Me Go*. New York: Vintage, 2005.〔カズオ・イシグロ『わたしを離さないで』土屋政雄訳、早川書房、二〇〇八年〕

Salinger, J. D. *The Catcher in the Rye*. Boston: Little, Brown and Company, 1951.(J. D. サリンジャー『ライ麦畑でつかまえて』野崎孝訳、白水社、一九八四年)

Williams, Raymond. *The Country and the City*. Oxford: Oxford UP, 1973.〔レイモンド・ウィリアムズ『田舎と都会』山本和平ほか訳、晶文社、一九八五年〕

イシグロ、カズオ「『わたしを離さないで』そして村上春樹のこと」大野和基インタヴュー・訳『文学界』第六十巻第八号（二〇〇六年八月）、一三〇〜四六頁

大今良時『聲の形』全七巻、講談社、二〇一三〜一四年

三部けい『僕だけがいない街』全九巻、角川書店、二〇一三年〜一七年

ボルタンスキー、リュック／エブ・シャペロ『資本主義の新たな精神』上下巻、三浦直希ほか訳、ナカニシヤ出版、二〇一三年

三浦玲一「選択と新自由主義と多文化主義――グローバル化時代の文学としての『ハリー・ポッター』シリーズ」『英文学研究』第八八巻（二〇一一年一二月）、三三〜四七頁

第三章

《千与千寻》梦见了第三波女权运动？

——从身份认同劳动到照料劳动

某少女误打误撞，闯入不可思议之国。不过，和掉入兔子洞的那位知名少女不同，这位少女为了在不可思议之国生存，必须自食其力[1]。自食其力，具体来说就是在八百万神灵用来疗养的大浴场里做苦工。她与大浴场的经营者——异形魔女签订契约，被夺去原本的姓名（荻野千寻），从此被称作"千"。

以上就是宫崎骏执导的吉卜力作品《千与千寻》（2001年）的大致情节，相信大家已经耳熟能详了。那么让我们来思考一下，这个以劳动契约夺人姓名的行为应该如何解释。首先，它可以被看作是劳动中异化现象的表达。这意味着，千寻在劳动场所被异化为随时可替代的劳动力，这时作为人类的本性是不被需要的，只要一个通用名足矣。换句话说，千寻在劳动中被剥夺了自我。此外，这也意味着大浴场的劳动是不需要劳动者本性及自我的劳动。

事实真的如此吗？如果不是的话（或者如果是的话），21世纪初我们的"劳动"和《千与千寻》中的劳动又是什么关系呢？本章中，我们将以后福特主义中的感情劳动、身份认同劳动、工作福利制作为关键词，对该问题进行分析考察。

---

[1] 蒂姆·波顿执导的《爱丽丝梦游仙境》于2010年上映，是一个关于爱丽丝"就职"的故事。这部电影中，爱丽丝拒绝与贵族公子结婚，最后参与到帝国主义贸易中去。爱丽丝被赋予了以创新与随机应变能力来创造财富的创业者性格，这一点尤为重要。与第一章中讨论过的《花木兰》类似，《爱丽丝梦游仙境》也可算作后女权主义式教科书。

名为Facebook的劳动

第二章里，我以南茜·弗雷泽（Nancy Fraser）提出的"承认与再分配的窘境"为引子，指出承认（文化上）与再分配（社会和经济上）的分离对于现在的政治来说具有一级重要性，同时指出在《狼的孩子雨和雪》中，再分配问题被承认问题所置换。也就是说，本来这部作品的主题是贫困，但却被跨越人种差异这个隶属于承认类的文化题材所覆盖、隐藏了。

本章中想要探讨的是与以上类型不同的承认与再分配关系——现实中承认与再分配可能还未等被分割，就已经被解构了。现在，不管是缺失再分配的承认，还是缺失承认的再分配，是不是都已经很难想象了？即使现实中再分配不一定能保证承认，承认也不一定能保证再分配？

以上我所形容的，其实就是后福特主义式工作福利制社会中的身份认同劳动。都是片假名的这些词[1]，究竟代表着什么呢？比如，

---

[1] 日语中后福特主义、工作福利制、身份认同都是用片假名标记的外来语。——译者注

让我们想一想，在Facebook上建立并维护自己的主页，这属于什么劳动？你可能会问，这冷不丁说的是什么呀。你也可能会说，在Facebook上拥有账号，与很多"朋友"建立联系，汇报自己的日常活动，进行信息交换等，这些基本上都属于业余爱好，不算劳动，不光是Facebook，博客、一般的社交软件等大抵如此。

然而，在后福特主义的现在，从前曾被归类为业余爱好的活动以及这些活动中蕴含的人性或者说身份认同，事实上都已经被纳入劳动资源囊中。

什么是后福特主义[1]？关于这个问题，已经有过各种各样的讨论，这里我只做一般说明。后福特主义基本上可以算作是生产体制的名称，也是以生产体制为中心的、更广泛的社会存在方式的名称。因为是"后"福特主义，所以必然是福特主义之后形成的。福特主义这个名称源自汽车制造公司福特，象征的是大量生产、大量消费的生产和经济模式，大致与发达国家的福利国家（如果从资本主义体制这个意义上来说又是福利资本主义）时代重合。福特主义典型的雇佣形态是终身雇佣制，劳动者的权益受工会保护。只是，这个所谓的劳动者的典型，是作为家庭收入主力的男性，而女性则要成为家庭主

---

[1]　关于后福特主义，请参考迈克尔·哈特和安东尼奥·奈格里的《帝国》（『帝国』，水岛一宪等译，以文社，2003年），克里斯蒂安·马拉齐（Christian Marazzi）的《现代经济大转换——当沟通成为工作》（『現代経済の大転換——コミュニケーションが仕事になるとき』，多贺健太郎译，青土社，2009年），保罗·维尔诺（Paolo Virno）的《诸众的语法——当代生活方式的分析》（『マルチチュードの文法——現代的な生活形式を分析するために』，广濑纯译，月曜社，2004年）等，还可参考仁平典宏《社会学居酒屋交谈 第2晚 后福特主义 感情劳动 轻度社会排挤》（「社会学居酒屋談義　第2夜　ポストフォーディズム　感情労働　ちょっと社会的排除」）*POSSE*.Vol.24（2014年9月），pp.152-67。

妇，在家庭内从事再生产劳动（家务、育儿）。如果我们观察一下这种劳动的性质，就不难发现其抽象特征——僵化。我们脑海中浮现出的很可能就是福特汽车工厂生产线上的机械劳动。它是物质生产劳动，劳动者不需要进行活跃、灵活的沟通，只要默默制造同样的东西就万事大吉了。此外，福特主义劳动者会严格区分一天8小时的工作时间和工作之外的闲暇时间。或者可以说，工作时间是脱离本我、成为劳动者的时间，闲暇时间则是回归本我的时间。

与之相对，后福特主义基本上是在新自由主义时代中应运而生的生产体制。和过去不同，大量生产、大量囤积并销售同一模型商品的模式已经无法再继续赢利，生产必须要时时反映市场需求，并持续做出调整。这种生产方式被称为按需生产或者不留库存的精益生产。为了应对这种生产，雇佣也变得具有流动性。这是因为，为了迎合生产调整，雇佣、解雇都必须易于推行。因此，典型的劳动者变成了临时雇佣的派遣劳动者，而工会这个解雇劳动者时的障碍物则开始弱化。本书的主题——女性参与雇佣劳动，就应该在此语境下进行思考。后女权主义状况下增长的女性劳动者，大部分都是临时雇佣的流动型劳动者。从这个意义上看，后福特主义和后女权主义在很多方面具有重合之处。

如果福特主义的特征是僵化，那么后福特主义的关键词就是灵活。反映市场需求，进行灵活生产，归根结底就是要时时把握市场信息。劳动者的积极沟通成为被推崇的行为。不仅如此，这种灵活沟通还是后福特主义劳动内容本身的特征。也就是说，在后福特主

义中，物质生产意义上的劳动已经踏上穷途末路 —— 至少大家是这
么认定的。取而代之站上中心位置的则是非物质生产。比如说感情
劳动，再比如说之后我们要讨论到的创新劳动。最后，该语境的一
个重点，恐怕就是劳动和闲暇的区分了。如果说后福特主义的特征
是流动性雇佣及围绕沟通能力运转的非物质生产，那么严格区分工
作时间和闲暇时间的劳动者就是不称职的。后福特主义劳动者必须
运用所有的闲暇时间，对自我各个方面的人格能力进行打磨，并把
这样的人格能力 —— 如之后论述所说，它就是指自我身份认同 ——
用于劳动之中。不是在劳动时间内成为被异化的劳动力，而是必须
把本来的自己贡献给劳动。此处所衍生出的问题，就是本章要讨论
的身份认同劳动和激情剥削。

福特主义	后福特主义
福利国家（福利资本主义）	新自由主义
大量生产、大量消费	按需生产
终身雇佣制	临时雇佣、派遣劳动
工会	无组织劳动者
核心家庭、家庭主妇	女性的雇佣劳动
僵化	灵活
物质生产劳动	劳动的终结、感情劳动、创新劳动
无沟通	沟通
区分劳动和闲暇	不再区分劳动和闲暇（或者失业状态）

　　那么，对Facebook的活动要如何理解呢？首先，它是一种维持、

管理自我的活动。Facebook上不只记录姓名、性别（性取向）、目前所属学校或单位这些信息，在时间线上还可记录自己曾经居住过的地点、上过的学校、职业简历等等，以这些信息和Facebook上的交友关系为基础，Facebook会以惊人的准确度向用户"推荐"很可能互相认识的其他用户。

事情是这样运转的：我们在Facebook上重建自己的身份，并维护、管理自己的身份，再进一步与他人形成关系网。并且，这个自我身份，必须是总能被人按"赞"的身份才行。Facebook上有"赞"这个按钮，但没有"不赞"。最近互动的多样性增加了，其中有表示气愤表情的"生气"，不过它绝不是用来对发帖者表达愤怒的，而是用来表达自己与发帖者愤怒心情的共鸣。可以说，Facebook作为一个培养共鸣的共同体，就是我们在上一章终章中讨论过的《只有我不存在的城市》所向往的那种社会。

此处，我们要请讨论《冰雪奇缘》时提到的Facebook COO 桑德伯格再次登场。如果读过她的著作《向前一步》，一定会深有感触：桑德伯格本人走过的职业生涯是多么的Facebook！首先是那种毫不掩藏的关系社会。原美国财政部部长劳伦斯·萨默斯可是桑德伯格的恩师！了解到这层关系，我对美国奉行"超实力主义"[1]的固有印象灰飞烟灭，并深切感受到，就算是在美国，该领域也俨然笼罩

---

[1] 超实力主义，原词为hypermeritocracy，是教育学者本田由纪根据meritocracy创造的词语，meritocracy是指重视学历与相应能力的社会，而hypermeritocracy作为与其意义相对的词汇，指重视沟通能力、创造力、问题解决能力这些与情感关系更为密切的能力的社会。——译者注

着一张人际关系大网（也就是关系社会）。

此外，作为职场女性、并且是站上顶端的职场女性，无论多么风光，桑德伯格仍然有她自己的烦恼，那就是如何一边在工作中保持顶尖地位，一边收获"赞"。第三章"有能力的女人不讨好"就讲到了这个问题。她的困境在于，传统意义上被点"赞"的女性是无法取得成功的。因为如果想成为被点"赞"的女性，就必须学会顺从。但是，为了成功，又必须得到"赞"。这是个糟糕透顶的窘境。《向前一步》基本上整本书都在描写桑德伯格面对窘境时所进行的艰苦奋斗，而不是讨论与女性相关的制度问题。《向前一步》给出的答案就是其序章副标题——"内在革命"，也就是说，并不是去改革与女性相关的外在制度，而是女性自身要实行内在的、自我的革命。

让我们再换种方式来表达以上内容：桑德伯格的书其实是一部自我身份管理的成功谈。并且，Facebook似乎也乐于把桑德伯格成功的自我身份管理和基于自我身份管理的人际关系网奉为典范（也可能这本书纯粹就是在为Facebook做宣传而已）。

因此我们说，桑德伯格的劳动就是作为后福特主义式劳动、身份认同劳动被叙述和表达的。并且，我们自己加入Facebook进行的自我身份管理，也是具有相同意义的劳动。

我们应该看到，就像前文在讲后福特主义定义时所说的那样，身份认同劳动之中汇聚交错着自古至今各种各样的要素。一方面，它具有阿莉·拉塞尔·霍赫希尔德（Arlie Russell Hochschild）[1]所说的感情劳动的特性，并与"后工业社会"（贝尔[2]）、"工作的终结"（里夫金[3]）、"知识经济"（德鲁克[4]）、"创意经济"（弗罗里达[5]）等各种世界观相重合。听说在教育学中，甚至还出现了"身份资本"[6]模型（科特[7]）。

　　另外，身份认同劳动与工作福利制（劳动福利）思想的契合度也很高，虽然这听起来可能有点矛盾。换言之，这也是我们在开头探讨过的承认与再分配的现实性解构问题——废除劳动和闲暇界限的人类，其全部生命、全部人性都有可能成为劳动，那么可以说这就是终极的工作福利制社会了。社会学家尼古拉斯·罗斯（Nikolas Rose）在探讨先进自由主义[8]（即20世纪90年代末从英国布莱尔政权中诞生的"新的新自由主义"）时，非常重视该意义上的工作福利制[或者叫工作性福利（welfare-to-work）]。它是由美国克林顿政权、英国布莱尔政权推行的政策。在现代社会，当我们审视贫困问题时，

[1]　其日语名为ホックシールド·A·R。可在本章参考文献中找到相应条目。——译者注

[2]　指美国思想家丹尼尔·贝尔。其日语名为ベル、ダニエル。可在本章参考文献中找到相应条目。——译者注

[3]　指美国社会批评家杰里米·里夫金（Jeremy Rifkin）。可在本章参考文献中找到相应条目。——译者注

[4]　指美国学者彼得·德鲁克。其日语名为ドラッカー、ピーター·F。可在本章参考文献中找到相应条目。——译者注

[5]　指美国经济学家理查德·弗罗里达。其日语名为フロリダ、リチャード。可在本章参考文献中找到相应条目。——译者注

[6]　"身份资本"英语词为Identity Capital，指个人能力、学历、经验、品德等各种资质的总和。——译者注

[7]　指美国学者James E. Côté。其日语名为コテ、ジェームズ。可在本章参考文献中找到相应条目。——译者注

[8]　日语原词是「先進リベラリズム」，是区别于「新自由主義」的概念，其英语表达是Advanced Liberalism。——译者注

探讨的是"底层人群"[1]问题，而不是阶级问题。并且，"底层人群问题中的'层'这个词，伴随的是道德性区分的理论，而不是社会阶层化"（Rose p.266）。因此，要使由于底层人群这种形式"被排挤的市民再次加入到具有优质道德的共同体中，需要通过道德上的矫正和伦理上的复原来实现"（p.266）。

罗斯的话可以这样理解。在后期新自由主义（由罗斯提出，是与20世纪80年代以后的撒切尔主义相区别的、1997年以后布莱尔执政期间的新自由主义）中，贫困问题不是阶级问题，而是道德问题。贫困的人不能怪罪社会制度和阶级，他们的贫困是由个人道德、伦理（的堕落）造成的。因此，解决的方法也是个人道德的修正。这时，工作福利制就该闪亮登场了。在这种情况下，"能得到工资的工作可以培养人的骄傲和自尊心，以及正面的自我评价，把个人与尊严、自我认同以及共同体联结在一起"（p.266）。现代的工作福利制，解构了再分配和承认，而把贫困和劳动与个人的身份认同问题联系在一起。就如罗斯所说，维持这种工作福利制的政策不但没有提供安定的就业环境，反而衍生出"临时雇佣化的、无法受到保护而置于风险之中的、因不稳定而渐渐脱离社会的劳动人口"（p.267）。至此，我们大概就能看出工作福利制观念和刚才梳理过的后福特主义的关系了。援引杰米·佩克（Jamie Peck）的说法，工作福利制"目的是强制劳动，另一方面消灭福利"，其本质是"把各种强制项目、义务

---

[1] 日语原词为「アンダークラス」，这个阶层是指除去打工主妇、签订契约的专业技术工作者及管理职位工作者的非正规雇佣劳动者。——译者注

条件强加于福利接受者"（p.10）。

另外，身份认同劳动的背景中也少不了消费社会这一项。消费社会就是指以消费为中心，而非以生产为中心的社会。比如像在Facebook上，生产财富的劳动与消费行为是交织在一起的，这一点极为重要。也就是说，在Facebook上拥有并经营自己的主页，这理应是作为顾客的消费行为，然而对于Facebook来说，正是这些个人主页的汇集形成了财富。这和让顾客在麦当劳进行（配餐、扔垃圾等等）劳动的把戏如出一辙。并且，与之相反的反转剧情也在上演——现在，连工作（职业）都被当成了消费品。在现代消费社会，连对待职业都可以像消费者对待消费那样随随便便、换来换去，而且这是受到推崇的。还有对这种状况的恶搞模拟呢，比如职业主题公园（让孩子们进行各种职业体验的游乐场所）这种儿童乐园。在那里汇集的小客人们，一个接一个地消费作为商品的职业，也可以说是在消费自我职业身份。

让我们对以上内容做个小结：身份认同劳动，与上一章《狼的孩子雨和雪》中论及的"积极的自我身份选择"这种支配性思想，实属狼狈为奸。尼古拉斯·罗斯提出过"主动公民"这个理念，在上一章中虽未引用，却一直萦绕于我的脑海。罗斯认为，主动公民性是先进自由主义的重要元素。他指出，成为主动公民不是说必须参与公共事业、拥抱民主主义，其概念可做如下解释。

主动公民的典范是自我经营者。这不仅仅是让你再次开

启自信这个价值观……而是让你把自己个人的人生、家人的人生当作一种企业来经营，通过谋划好的行动和投资，提高存在本身的价值，把存在资本化。（p. 164）

Facebook，名副其实，就是对自我这个企业的经营。

然而重要的是，如前所述，这些不过都只是世界观，或者说都是思想。三浦玲一对于身份认同劳动是这样定义的。

身份认同劳动，是一种处于后现代主义的（隐藏既往类型劳动的）规范性劳动形态。人们试图用发达国家新经济模式即创新型经济这种（后现代的假冒）概念解释它，使其正当化。在这种劳动中，创造"财富"的不是"生产"，而是我们自身内部存在的创新性的实现。这也是自我实现才能创造财富这个乌托邦愿望的宣言。（p. 99）

希望大家关注一下三浦在此论及的几个重点：身份认同劳动这种愿景，不过就是对既往类型劳动的隐藏；而创新型经济，不过就是一种（后现代的假冒）概念。它们都不是客观事实，而是一种思想，是把苦役般的劳动掩藏起来的思想。

一言以蔽之，这就是激情剥削的构造——劳动应该作为自我实现来看待，即使表面上伴随着苦役般的劳动，但那也不过就是附属品，说到底，财富就像核能一样是从无到有、从内向外喷涌出来的，这种自我身份的维护及管理才是劳动的本质。但是，在这种固执的认知中，我们却仍要付出物质性劳动。并且，在身份认同劳动主导的世界观中，能够接触到身份认同劳动的劳动者和不能接触到的劳动者，即罗斯所说的主动公民和只能被动从事派遣劳动的劳动者，他们之间是被割断的，而这种割断也被藏匿了起来，这便是问题所在。现在，我们说"劳动被隐藏"时所指的被隐藏的劳动力，就是后者这样的劳动者。

在本章的剩余部分，我想先从激情剥削和身份认同劳动的角度分析一下《魔女宅急便》（宫崎骏执导的吉卜力作品，1989年）。这部作品精彩地表达了这些主题。之后，我还想分析一下对《魔女宅急便》同系列问题进行再探讨的一部作品——《千与千寻》。

《魔女宅急便》中的后女权主义

2014年，政府开始倡导"对女性的有效利用"（这个说法备受批判，后来改成了"女性的活跃"）。同在2014年，角野荣子创作的小说、1989年被宫崎骏拍成动画电影的《魔女宅急便》（『魔女の宅急便』），又被改编为真人电影版（导演清水崇），再次出现在公众面前。之后，不出意料，对女性的有效利用，也叫男女共同参与社会计划，与这部真人版《魔女宅急便》捆绑在了一起（说句题外话，这部电影与那个WATAMI[1]也捆绑在了一起）。

举个例子。我手头有一份大阪市制作的海报，这份海报正好向世人展示了作品与政治计划的关联（**图1**）。之所以说不出意料，是

图1 / 大阪市的海报

[1] WATAMI是以外卖为主要业务的一家日本公司。——译者注

因为本来《魔女宅急便》就是一部聚焦劳动女性的作品，它于1985年出版，也就是男女雇佣机会均等法（以下简称"均等法"）制定的那一年（转年开始施行）。

如果像第一章中所讲的那样，把均等法当成给后女权主义初始状况盖棺定论的法律，那么《魔女宅急便》就可以作为后女权主义式教科书来解读。并且，这种意义上的后女权主义运动虽然一直在改变形态，却从未间断——这也许就是真人电影版和"对女性的有效利用"捆绑销售所告诉我们的事实。而"对女性的有效利用"，换个说法，就是工作福利制前提下承认与再分配的解构和由此衍生的新式榨取构造。

那么，吉卜力版《魔女宅急便》中的后女权主义是什么样的形态呢？首先，我想从更为广泛的角度谈一谈这部作品和新自由主义的关系。第一，《魔女宅急便》是一个邮政民营化的故事（三浦 p.88）。"宅急便"本身就是大和运输公司注册过商标的词汇，据说在《魔女宅急便》动画电影企画阶段，负责企画的Group风土舍公司就与大和运输提前知会并委托其提供赞助。电影中登场的黑猫（吉吉）也与大和运输的商标一致，因此大和运输最终同意成为赞助商（叶 p.134）。

除此之外，这部作品与邮政民营化关系匪浅，也是由主人公——见习魔女琪琪的劳动性质所决定的。邮政民营化法案是在作品上映很久之后的2005年，作为行政改革最为重要的一环，由小泉纯一郎内阁确立并施行的。

首先，作为大前提，琪琪虽然只是一个13岁少女，但她的成长故事却与得到工作、参与劳动划上等号，我们应该认识到，从某种意义上说这是极为怪异的设定。说起身份认同劳动是什么——它的首要性质就是用劳动创造自我（承认与再分配的解构）。

以此为前提，我们来看看琪琪的劳动是如何展现出来的。琪琪作为见习魔女来到某个城市生活，在这里定下自己的职业，就是宅急便服务。宅急便服务被描写成一种能够带来创新性自我实现的职业，正是这一点，证实了"这个故事等于邮政民营化故事"这句话的真正含义，即，这个故事就是带有新自由主义和后福特主义色彩的故事。

在此，我想指出的是，琪琪的创新性劳动具备刚才我们提到过的身份认同劳动的特质。琪琪选择宅急便这个职业极具偶然性，宅急便这个工作的本质应该是体力劳动，但在表现方式上，作品却把其感情劳动方面的特质摆在了首位。

关于琪琪的劳动属于感情劳动这一点，在她开始宅急便服务之前、也就是故事的铺垫阶段就已经埋下诸多伏笔。比如琪琪离开家乡和父母、踏上长达一年的修行之旅这个场面。魔女妈妈给她的建议是"心最重要"，还有"不要忘记笑容"。这两个忠告实际上是相互矛盾的。第一个忠告是原作中本来就有的，第二个"不要忘记笑容"的忠告则是电影版添加的（角野 p.25）。它与其说是忠告，不如说是预言，也是束缚琪琪的咒语。在之后的故事里，琪琪不停磨炼自己的能力、在陌生的城市平安生活、找到工作开始挣钱，但这些都无足轻重，因为比起这些，"保持笑容"才算是获得成功的条件。不是说笑容是成功的秘诀，而是说，保持笑容本身就是成功。

实际上，琪琪也一直在为保持笑容努力。宅急便的工作走上正轨后，每当琪琪接到工作、站在顾客家的玄关时，她都会绽放笑容（职业笑容），看起来稳健可靠，让人印象深刻。在这个瞬间，琪琪的笑容从感情管理变成了感情劳动。就如母亲的忠告一般，心（内在）和笑容（外在）实现了解构。

另一条伏线——或者叫诅咒——是在琪琪与面包店老板娘索娜阿姨相遇时埋下的。索娜就是后来留宿琪琪的那位阿姨。虽然才认识不久，但可能是凭直觉吧，索娜阿姨就对琪琪表示说"我挺喜欢你的"。这句话也许还可以这么说："你真赞！"这也是一句咒语。琪琪只要住在索娜阿姨那里，就必须要保持"赞"的状态。

实际上也可以这么讲：琪琪事业的成功，与其说靠的是作为快递员的技能，不如说靠的是建立人际关系的本事。其中最成功的，是与一位预约配送"仰星派"[1]的富人老奶奶建立了联系。

在故事后半部分，琪琪失去了飞行能力。能力丧失这个情节，也是以感情劳动、身份认同劳动的角度来表现的。在失去能力时，琪琪对黑猫吉吉说："那个天真开朗的琪琪好像不见了。"当然，这个"天真开朗"[2]的概念很难用外语翻译出来，这是一个把"直率"（用英语说是honest, true to oneself, frank 等等）和"顺从"（obedient）魔法般结合在一起的、日本独有的性别概念，它表明，琪琪的劳动

---

[1]　英国的一种有名的点心。——译者注
[2]　日语原词是「素直で明るい」。——译者注

实质上就是被性别化的感情劳动。也许英语母语者完全不能理解为什么 honest 和 obedient 会联系在一起。这一点暂且不论，总之这部作品中，丧失魔法和无法进行感情管理，不必区分哪个是因哪个果，它们是作为一个整体被呈现出来的。琪琪的魔法——做宅急便这个工作时必要的飞行能力，与"天真开朗"是一体的，丧失了能力也就意味着感情管理、身份管理的失败。

肯定这种一体性的，是一位住在森林中的少女画家（电影中没有出现她的名字，我们使用原作中乌露丝拉这个名字来称呼她）。深受能力丧失所恼的琪琪来到乌露丝拉居住的森林小屋，在那里与她谈心，以此为契机，终于重拾信心。谈话中，乌露丝拉非常明确地把魔法和艺术家的能力划上了等号。她说："魔法和画画很相似，我有时也画不出来。"在此情节中，作为感情劳动的魔法被延伸成了艺术家的创作活动。你有没有从中联想到前一节的内容，即里查德·弗罗里达提出的创新型经济思想？［顺便一提，创新型经济也是由联合国贸易与发展会议（UNCTAD）所推行的思想[1]。］创新从内而外喷涌而出——这样的劳动图景，和魔法以及早已与魔法紧密相连的笑容联结在了一起。

我们最后能如此这般盖棺定论，是因为一段围绕魔法源头展开的对话。琪琪说，魔女天生会飞。乌露丝拉听后表示赞同，还列举

---

[1] 请参考 UNCTAD 网站。
http://unctad.org/en/Pages/DITC/CreativeEconomy/Creative-Economy-Programme.aspx
此外还可参考 UNCTAD 出版的 Creative Economy Report 2010。

出了"魔女流淌的血液、画家流淌的血液、面包师流淌的血液"这些例子。此处，乌露丝拉做出了令人吃惊的概念延伸，由此也引发了事实上的黑白颠倒。首先，到魔女流淌的血液和画家流淌的血液为止尚可接受，与我们之前讨论的内容基本一致。也就是说，保证职业发展的不是外在技能，而是自我身份。但是，最后那个面包师流淌的血液又是什么呢？此处发生了严重的分类错误。在《魔女宅急便》之前的情节中，作为职业典范和劳动典范，展示的都是身份认同劳动以及感情劳动。然而面包师却是与魔女、画家这些职业相对立的职业，是福特主义式的物品制作，即物质生产的职业。所以说，乌露丝拉神不知鬼不觉，正悄悄把这种职业掺和到身份认同劳动的例子中去。

最让人感到讽刺的是（这是不是有意识的讽刺呢？），电影中出现的面包师正好处在感情劳动对立面的位置。这个面包师指的是索娜的丈夫（原作中名叫福满，电影中他的名字没有出现过），如果我没记错的话，他只拿到了三句台词，其中还包括呻吟声和"啊！"，完全就是一副木讷匠人的模样。

福满代表的是福特主义劳动者的典型形象，勉强把他放入身份认同劳动者的范畴，会出现什么问题呢？答案就如三浦所说："对既往类型的劳动的隐藏。"这句话我在前一节中也曾引用过。乌露丝拉举的几个例子展示出这样一幅愿景：这个世界被身份认同劳动所覆盖，既往类型的劳动已经消失殆尽。作品整体上采用了一种非常巧妙的隐藏策略，首先把面包师这种福特主义式的劳动者展示出来，

图2 / 被偶像化的琪琪（出自《魔女宅急便》）

然后再把它归入身份认同劳动这一方去。看似是以职业和劳动为主题的《魔女宅急便》，实际上表达的却是劳动的终结。接下来，依据劳动终结的世界观，琪琪这样的劳动力自然将继续被类似工作意义、人生价值的借口剥削下去。

作品中，使主题得到完善的是电影最后的情节。琪琪的朋友蜻蜓所乘坐的飞艇被暴风吹跑，为了救他，琪琪丧失的飞行能力竟然恢复了，最后救援成功。这时为什么琪琪又能飞了呢？遵循以上探讨内容，我们可以得出的结论是，琪琪又重新找回了一度丧失的自我管理能力。但是，为什么琪琪突然找回了自我管理能力呢？除了救蜻蜓心切这个答案外，还有其他可能吗？

这里有一点至关重要：电影中，这场救援大戏本身被描写为一场媒体盛事。救援场面在电视上进行直播，故事中所有的出场人物以及小镇居民们都在电视机前为琪琪加油鼓劲。简单来讲，这时的琪琪成为了一个艺人，更明确地说，成为了一个偶像。当然，电影中所描写的媒体盛事，是对现实观众与作品本身之间关系的一个讽喻——通过细致描绘电影中的观众和他们注视的对象（琪琪）之间的关系，让现实中观看《魔女宅急便》的观众把自己投射到看电视直播的小城居民身上，于是，同化得以实现（**图2**）。

通过以上机制，琪琪作为大荧幕彼端之人即偶像的身份得到了强调。说起偶像，我就会想到现实中的偶像团体，近年来她们在博客等社交媒体上持续更新，努力树立人设，这种劳动越发接近后福特主义式身份认同劳动的讽刺图景（锦织、坂仓）。琪琪就成为了该意义上的偶像，成为了身份认同劳动的化身。从站在玄关摆出营业笑容的琪琪，更进一步发展至把全部存在（自我）都奉献给劳动的琪琪。通过把故事高潮搞成媒体盛事的这个情节，劳动的隐藏就完成了。

《千与千寻》是第三波女权运动教科书吗？

　　《千与千寻》的主人公千寻，对身边所有一切都感到厌倦。

　　作品开头，她坐在父母驾驶的汽车后座，摆出一副臭脸，对于要维持"赞"这种状态的后福特主义命令，看起来似乎极为不屑（图3）。

　　可能这不是宫崎骏刻意为之创造的情节。对于宫崎骏来说，千寻的性格，就是尽力如实再现当代青少年面貌的结果（看看她过瘦的四肢吧），绝对不是想以此否定《魔女宅急便》中的劳动。

图3 | 拒绝感情劳动？（出自《千与千寻》）

不过，我们可以以这种思路进行猜想，并以此作为探讨的起点。《千与千寻》是不是对《魔女宅急便》的批判？如果是的话，那么《千与千寻》是不是一种现实主义尝试，试图让被隐藏的既往类型的劳动重新浮出水面？还有，如前所述，如果可以把《魔女宅急便》当作后女权主义式教科书来解读的话，那么可不可以说《千与千寻》是对后女权主义进行批判的第三波女权运动的教科书呢？

让我们来看看这两部作品的异同点分别是什么吧。首先是前文提到过的工作福利制，在创造出带有这种工作福利制色彩的前提条件这一点上，两部作品是相通的。千寻落入不可思议之国，在这个地方，无业人员是不被允许的存在。但仅凭此一点还算不上是现代式的工作福利制，而只是停留在为生存不得不工作的层面上。真正使这个世界成为工作福利制世界的，是约束着大浴场经营者汤婆婆的一句誓言："予有劳动意愿者以工作。"从这个意义上说，汤婆婆就是提供工作福利的现代式新自由主义国家。我们提前一点说出结论吧：这种意义上的工作福利制，除了"给福利不如给工作"这层意思，还有一种要把所有劳动都变成雇佣劳动的意思。后续，这个结论会愈加明朗。

除此以外的部分中，《千与千寻》所表现的劳动就是倾向于身份认同劳动反面的劳动了。其中一个极具代表性的例子是千寻被剥夺姓名的场景。如果这个情节意味着千寻为参加劳动必须舍弃自我的话，那么可不可以认为《千与千寻》把福特主义式生产劳动奉为劳动典范呢？

无论怎么想，答案应该都是否定的。接下来，让我们直截了当地讲一讲大浴场到底象征着什么，以及大浴场的劳动意味着什么吧。诸多答案呼之欲出。不过，我现在反而只想用一句话来表现大浴场的劳动——那是一种照料劳动，或者用伊娃·菲德·吉泰（Eva Feder Kittay）的话来说，是一种依存劳动（《爱的劳动及依存与照料的正义理论》[1]）。然而，吉泰是用非常狭隘的语义来使用"依存劳动"这个词的，我们以此来定义千寻在大浴场中的劳动其实并不妥当。反而，我们应该看到，吉泰讨论的重点在于把依存劳动与相关或者相似的其他劳动（比如爱情劳动）区别开来这一点上。

> 　　我把照顾依存者的工作称为依存劳动。有时也可叫做依存照料，为了强调"对依存者的照料即是劳动"这一点，我选择了劳动、工作这样的用词。依存劳动与传统女性一直以来从事的活动有共通之处，这种活动也是女权主义者作为劳动、苦力强调的活动。比如，包含照料和性两种要素的爱情劳动（affectional labor），就与依存劳动有相通之处，但并不完全相等。依存劳动没有爱情也可成立，虽然不够十全十美。并且，在大部分情况下，性是不符合依存工作定义的。……不管劳动在哪里进行，就像爱情劳动、家务劳动都被分配给女性一样，依存劳动也是根据性别来进行分配的。（p.83）

---

[1] 日文翻译版书名为『愛の労働あるいは依存とケアの正義論』，可在本章参考文献中找到相应条目。——译者注

然而，这里的重点在于，《千与千寻》是把吉泰试图区分的各种劳动作为一个不可分割的整体表现出来的。大浴场的劳动包含着吉泰所说的依存劳动、与之相区别的爱情劳动、以及这些劳动的雏形——（当然是被性别化的）家务劳动，这些要素层层交织。吉泰试图区分的各种劳动（之后会讲到，雇佣劳动和无偿劳动的区分也是问题之一）以不可区分的形态被象征性地压缩为一个整体，这就是《千与千寻》大浴场劳动的特征。

具体来讲，首先，尽量从字面意思考虑的话，大浴场就是各种神灵洗澡的地方，不仅仅可以洗澡，还可提供饮食、娱乐等服务项目。然而，如果我们不只考虑主题、象征性，而是把影像信息也包含进来的话，那么就能找出以看护为首的依存劳动、甚至是与性相关的爱情劳动等要素。比如，让我们来看一看腐烂神的故事。腐烂神原本是河神，但是由于人类造成的污染，浑身布满了垃圾、污泥。千寻挺身而出，使用无脸男给她的药浴牌，无视腐烂神身上发出恶臭的污泥，拔掉腐烂神身上的瓦砾，拯救了大浴场危机。

这个场景中，出现了作品中重复多次的重要主题，即排泄。宫崎骏作品擅长官能地描写飞翔、击打、风等等生气勃勃的律动感受，而《千与千寻》中最令人印象深刻的描写，实际上就是排泄的感受。

腐烂神把烂泥、瓦砾全部排泄出来的样子，还有排空时说出的"真好，真好"这句台词，这些都是非常官能性的描写，而观众们对此的印象不是厌恶，而是快感（至少我是这么想的）。顺便一提，这种排泄行为是全作中的重点，后边又重复出现了两次。这两次都是由腐烂神交给千寻的苦丸子所引发的。第一次是小白吐出从钱婆婆那里偷来的合约印章和魔法虫的场面（千寻踩了虫子，还做了一个"engacho"的手势[1]，这更加强调了小白吐出的东西是排泄物这一点），第二次是把服务员和各种美食吞进肚而胖成球的无脸男，把吃下去的东西又全部吐出来的场景。

我们不去深究每个场景具体意味着什么，只需明确这三个排泄行为均由千寻引发即可，千寻就是排泄行为的"助手"。在同一标准下，这种排泄行为的助手所象征的正是依存劳动、老年人看护工作——这一点就不言自明了吧。

不过，这只是其中一个标准。围绕相同的排泄行为，大浴场劳动还有另一个（也许是另两个）象征标准。那就是性服务。大浴场的猥琐场面，明显就是过去日本风俗业的情景再现，那么千寻在这个世界里就成了性工作者，是另一种排泄，即射精的助手。

这是一种会激怒吉卜力粉丝的解读，不过，它确实是由宫崎骏本人提出的。在杂志《首映日本版》（『プレミア日本版』）的采访中，宫崎骏有过这样的发言。

> 在我小时候，新宿这地方真的有大红灯笼高高挂的街区。我不是有意画上红灯笼的，只是想描绘一种古旧的、不知不觉中渐渐被大家遗忘的闹市盛景。……日本不是已经

---

[1] 日本一种特有的手势，是一种迷信，孩子们经常以此来表示防止沾染不祥之物。——译者注

变成风俗业横行的社会了吗？现在的女性，看起来与淫窝气氛相合的人越来越多，日本大概就是这样的国家吧。（清水 p.70）

按照以上说法，《千与千寻》所描写的就是一种应区别于看护工作这类依存劳动的、已经成为雇佣劳动的爱情劳动（也就是字面意思上的性工作）。

如果我说，还有更加险恶的解读标准呢？如上所述，千寻在得到工作时被夺去了姓名。说起女性被剥夺姓名（情况比较多）的制度，大家会想到什么呢？当然就是婚姻。婚姻制度，在大多数情况下，就是无偿家务劳动、依存劳动、爱情劳动的制度。这里引入的"爱情劳动"是由达拉·科斯塔（Giovanna Franca Dalla Costa）提出的概念，是否对此持批判态度暂且不论。爱情劳动，指的是婚姻、家庭内所进行的包含性义务在内的无偿家务劳动。如果加上这个解读标准，那么大浴场的劳动就呈现出这样一种面貌：它是掺杂着雇佣劳动和无偿劳动，由依存劳动、爱情劳动、家务劳动交织而成的混合体（关于名字再多说一句，性工作的情况下，"千"就成为了一个源氏名[1]）。

那么，从明确提出、探讨并批判后女性主义世界观所隐藏的劳动（这里指最为广义的、被性别化的依存劳动）的真实存在这个意义

---

[1] 源氏名是指仿效《源氏物语》为女性起的名字，娼妓自古以来就有使用风雅名字的习俗，因此色情行业中女性化名被称为源氏名。——译者注

上看，《千与千寻》可以被称为第三波女权运动式教科书吗？这个问题的答案，既是yes也是no。下边，让我们来考察一下这部作品的最终归属，即我们的劳动世界吧。

《逃避虽可耻但有用》吗？

—— 依存劳动的有偿化、特区、家务外包

虽然我们进行了如上探讨，但对于《千与千寻》把无偿劳动和有偿劳动积极地、批判性地融为一体这个解释，其实有必要持保留意见。这是因为，如前所述，无偿劳动（活动）和有偿劳动（雇佣劳动）的区别，在后福特主义式工作福利制社会中已经被有效解构了。也就是说，它们全部都被变成了有偿劳动。然而，如果像前边所说的那样，把"这种社会就是全面化的社会"当成一种世界观的话，那么，反过来去探索有偿劳动和无偿劳动何时互相区别，就成为了一个新的课题。

眼下，如果我们接受《千与千寻》中所谓"雇佣劳动就是一切"的工作福利制前提，那么就可以说，这部作品的主题是上一节所说的那种劳动的有偿化和雇佣化，即照料劳动、家务劳动这种依存劳动的有偿化。

这样一想，《魔女宅急便》和《千与千寻》非但不是对立的，反而是把现实劳动世界的封闭领域用互相补充的方式表现了出来。请

看**图**4（仁平 p.18）。这是仁平典宏制作的现代劳动重组图。这张图的重点在于提出了以下观点：普通雇佣劳动的廉价倾销，与照料劳动、志愿者工作的雇佣劳动化是成套出现的。更明确地说，其中《魔女宅急便》表现的是象限右侧，《千与千寻》表现的是象限左侧。《魔女宅急便》中通过身份认同劳动这种愿景，把普通的生产劳动、雇佣劳动廉价抛售了，同时也把它们变作了"激情剥削"。与之成套出现的就是图中箭头①所表示的照料劳动、家务劳动的有偿化。

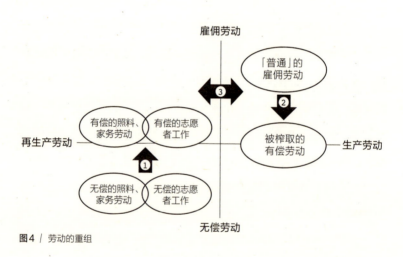

图4 / 劳动的重组

2016年赢得超高人气的电视剧《逃避虽可耻但有用》就是一部巧妙捕捉到该问题的恋爱喜剧作品。主人公森山美栗原本是派遣员工，后来遭到解雇，无奈之下，只好去父亲原来的部下津崎平匡家里做临时家政员，这时父亲却突然提出要搬去乡下。因为不想失去这个好不容易得到的工作机会，美栗向平匡提议以雇主和员工的身份实行"契约结婚"。这部作品作为一个思想实验，既有趣又颇具深意，它探究的是把家务劳动（照料劳动、依存劳动）彻底变作雇佣劳动后的结果，同时作品中还有一点颇为重要——把上图中箭头②的内容也融入了故事背景。美栗虽然有心理学专业的硕士学位，但却只能找到派遣劳务类工作，而且还被炒了鱿鱼。她以恶搞的形式幻想自己出演各种电视节目，其中一个极为关键的节目叫"情热大陆"，这段情节极尽辛辣讽刺之能事。"情热大陆"算是一种职业纪录片，向观众展示那些怀抱梦想和热情、不断战胜困难的职场工作者形象。应该说，这是一个引领激情剥削时代不断向前迈进的电视节目。美栗一心想努力做好作为派遣员工和家政服务员的专业工作，而她也通过对《情热大陆》的恶搞幻想，以一种讽刺的方式意识到，自己的勤奋努力就是激情剥削构造所创造的结果。美栗不管是作为普通的雇佣劳动者，还是作为有偿的家务劳动者，都是被剥削的一方。

不过，与此相比，现实中日本政府对家务劳动有偿化的考量则更为残酷。比如2014年6月日本政府内阁会议通过的"日本复兴战略"，让我们看看其中国家战略特区接收外籍家政支援人才的内容吧。这是以亚洲其他国家的外籍家政女服务员（因为这个职业明显被性别化了，所以我用了"女服务员"这个说法）为对象、把家务劳动进行"外包"的策略。该政策扬起"为了女性的活跃"之大旗，宣扬其实施是为了让日本女性能在家庭之外安心工作。

然而问题在于，在这面大旗背后，隐藏着把有偿化进程中的家务劳动进一步廉价抛售的阴谋[1]，这里所说的家务劳动不仅限于外国人担当的劳动，还包括家务劳动外包、无处发挥才能的女性们所承担的劳动。而特区，换种角度看，无非就是劳动倾销的先锋地带。依存劳动在成为雇佣劳动之前，就已经被性别化、劣质化了，这个政策不但无法改善其质量，反而以全面压制为目标，或者说至少出现了全面压制的效果[2]。与此议题同时期，国会开始了以派遣劳动进一步普遍化、固定化为大方向、对劳动者派遣法进行修改的审议。这正是上图箭头①和箭头②成套出现的实例。

千寻通过在大浴场的劳动获得了"生存的力量"——对主题进行这般解释是危险的，它把和上述特区构想具有同样危险性的东西隐藏了起来。《千与千寻》整个故事最后回归到姓名即自我身份的恢复题材和环境问题（小白是因公寓建设而失去家园的河神）上，于是更没有以批判依存劳动的廉价抛售这种观点去阐释作品的余地了。

---

[1] 关于这一点，请参考亚洲女性资料中心、移民劳动者合作成立的全国联盟发表的声明：《抗议只求速度不求质量的<外籍家政支援人才>接收计划、要求批准ILO家政劳动者条约的共同声明》（『拙速な「外国人家事支援人材」受け入れに抗議し、ILO家事労働者条約の批准を求める共同声明』）。http://ajwrc.org/doc/seimei20140627.pdf

[2] 关于把亚洲外籍家政女服务员的工作称为"新奴隶制"这般的恶劣劳动环境，请参考王爱华（Aihwa Ong）著作，特别是第九章《实际地图制作——女仆、新奴隶制、NGO》（「生地図作成——メイド、新奴隷制、NGO」）。Aihwa Ong, *Neoliberalism as Exception: Mutations in Citizenship and Sovereignty*. Durham: Duke UP, 2006. 此外，山根纯佳在《照料劳动的分工和阶级性重组——从"关系性照料"到边缘化劳动》（『ケア労働の分業と階層性の再編——「関係的ケア」から周辺化される労働』）中对米尼翁·达菲（Mignon Duffy）的相关研究进行了介绍和探讨，这里的相关研究是指照料劳动的种族性分工倾向，即白人女性负责带有情感联结的"关系性"照料劳动，与之相对，有色人种女性则负责单纯的再生产劳动。该文章收录于仁平典宏、山下顺子主编《劳动再审议⑤照料、协作、无偿劳动——动摇的劳动轮廓》（『労働再審⑤ケア・協働・アンペイドワーク——揺らぐ労働の輪郭』）大月书店，2011年，pp.103-126。

关于这一点，2001 年文部科学省白皮书表达得更为露骨。白皮书第一部第二章第二节（三）《今后的课题》中设立了《千与千寻》专栏，指出这个故事是"以少女千寻获得'生存能力'为主题（原文引用）的电影"，同时还指出，这个"生存能力"具体代表的是"知晓'要为他人做些什么'、'不仅仅是索取、还要付出'"。即，正是因为成为能够轻易被剥削的主体，人们才能获得"生存能力"（顺便一提，"生存能力"这个词可追溯到 1997 年文部省中央教育审议会报告）。

但是，最后我还想特别指出故事脱节的部分以及用上述讨论内容无法说明的部分。这部分内容，采取了一种作品情节问题未解决就弃之不管的矛盾形式。故事其实还描写了另一种依存劳动，就是汤婆婆对于巨婴坊宝宝的溺爱与照顾。汤婆婆是那种视钱如命的可怕形象，但对坊宝宝却唯命是从，她对坊宝宝那种无微不至照顾到极致的态度，正是为依存者提供的照料劳动精髓之所在。

在与坊宝宝的关系中，汤婆婆处于职场妈妈（也许应该说是祖母而不是妈妈）的位置。如果我们把她当作现代社会中的理想型职场妈妈来看，那不就变成桑德伯格（多次被请出场，真抱歉）了吗？但是，如果真是这样的话，那么照顾坊宝宝的工作应该外包出去才对，至少从上述特区构想来考虑的话理应如此。然而汤婆婆却如魔障了一般，就是无法从坊宝宝身边、从照顾坊宝宝的工作中逃脱。

为什么会这样呢？也许，这里存在着汤婆婆所背负的矛盾。原因是，换个角度思考的话，"汤婆婆的身份是正处在育儿时期的经营者"——这个想法无法成立，反而我们会产生"为了养育、溺爱那个巨婴，大浴场的工作才会存在"的想法。在这种情况下，汤婆婆就构成了一幅再生产劳动的讽刺漫画，这个再生产劳动，既是家父长制或者说资本主义的底层支撑者，同时又被资本主义限定了诸多条件。坊宝宝也就变成传统家父长制家庭中被无底限溺爱的长男了吧。那么，大浴场中的依存劳动本质上就是给坊宝宝提供依靠而对劳动者施加剥削的劳动。

由此推论，汤婆婆这个人物形象代表了两张不同的历史面孔。其中之一是我们刚刚提到的后福特主义社会、新自由主义社会代言人，推进现代劳动重组即依存劳动的有偿化和剥削。而另一方面，在与坊宝宝的关系之中，又是旧式的、被新自由主义化潮流 —— 同时也被女权运动潮流 —— 所批判的、支撑福利资本主义的家父长制式再生产劳动的化身。

在电影的大团圆结局中，汤婆婆的矛盾以更具危机感的形式出现。电影最后，千寻从钱婆婆那里回到大浴场，在这个场景中还暗暗描写了坊宝宝的自立。其实钱婆婆早就看穿，坊宝宝已经从把他变成老鼠的诅咒中解放出来，维持原样是他的自主选择。另外，汤婆婆回到大浴场时，看到坊宝宝直立行走的模样非常吃惊，坊宝宝还顶嘴说："如果婆婆再弄哭小千，我会讨厌你的哦。"坊宝宝这种小小的自立，究竟意味着什么呢？

一方面，这可能和主人公千寻的成长主题有共通之处。不过以本书的语境来说，坊宝宝脱离依存状态这个说法应该更为适合。如果我们自由发挥想象，也许会想到，坊宝宝脱离了依存者身份后，下一个成为依存者的可能就是汤婆婆了 —— 坊宝宝的自立也许就是在暗示这一点。也就是说，汤婆婆要面对的是孤独终老的危机。汤婆婆面对的这个危机，用南茜·弗雷泽和琳达·戈登（Nancy Fraser, Linda Gordon，《依存谱系学说》）的话来说就是"后工业社会的依存"（p.101）。根据二人的论述，在后工业时代或者说后福特主义时代，"依存的语义学地图"被重新描画 ——"在工业时代的用法中，某几种形态的依存是自然的、固有的，但在后工作时代的用法中，依存是可以避免的、应该受到反对的"（p.99）。在福利国家时代，家庭主妇、孩子、学生、老人这些依存的形态曾被看作是"自然而固有的"。然而在后工业、后福特主义工作福利制社会，自立，即不依存，已经"与雇佣劳动同化"，只有自立生存的劳动者才被看作是"普遍的社会性主体"（p.101）。依存已经被污名化了。不仅如此，"后工业社会的依存 …… 渐渐变得越来越个人化"（p.101）。依存不再是社会、组织的问题，反而成为了个人的失败。汤婆婆要面对的，正是这种依存危机。

当然，汤婆婆有解决危机的办法，即赚更多钱，当自己变成依存者时把依存劳动外包给别人。不过问题并不在此。因为，如果问题这样就能解决的话，那么汤婆婆应该就没有理由如此宠爱坊宝宝了。汤婆婆的危机所指示的，是依存劳动有偿化所解决不了的问题，以及它所隐藏的依存劳动的剥削事实。

最后我还想强调一点 —— 汤婆婆的矛盾和危机其实也是我们自身的矛盾和危机。人类以依存状态出生，最后多多少少还要回归依存状态，直至死去。依存劳动被有偿化，意味着有关生命的一切被商品化。不过，至少在这部作品当中，我们能于最后一幕稍稍窥见这位名副其实的商品化代言人、资本家汤婆婆回归"人性"的瞬间（当然前提是她原本就是人类）。成为依存者的瞬间，是多么人性化的瞬间啊！在与自己的依存状态相对峙、思考何去何从时，我们所面对的困境是充满人情味的。在最后一幕，千寻对着汤婆婆喊出"婆婆"时，汤婆婆非常惊讶。这一幕就是最好的表达。千寻的这声呼唤，是对于"婆婆"这种人性化的、具有依存性的存在的呼唤，这声呼唤让汤婆婆的困境浮出水面，同时，对于汤婆婆来说也是一种救赎。《千与千寻》中仅有的没有被商品化的共同体生产劳动，可能就出现在这个瞬间。自立故事，通常也可能是依存于自立者的依存者的依存故事。如果说这种循环才是"社会"，那么故事开始和结束时千寻所穿越的隧道，也许就通向这样的一种社会吧。

参考文献

Fraser, Nancy and Linda Gordon. "A Genealogy of 'Dependency' : Tracking a Keyword of the US Welfare State." *Fortunes of Feminism: From State-Managed Capitalism to Neoliberal Crisis*. London: Verso, 2013, 83-110.

Ong, Aihwa. *Neoliberalism as Exception: Mutations in Citizenship and Sovereignty*. Durham: Duke UP, 2006.

Peck, Jamie. *Workfare States*. New York: Guildford, 2001.

Rifkin, Jeremy. *The End of Work: The Decline of the Global Labor Force and the Dawn of the Post-Market Era*. New York: G.P. Putnum's Sons, 1995. 〔『大失業時代』松浦雅之訳、阪急コミュニケーションズ、一九九六年〕

Rose, Nikolas. *Powers of Freedom: Reframing Political Thought*. Cambridge: Cambridge UP, 1999.

角野栄子『魔女の宅急便』角川書店、二〇一三年

叶精二『宮崎駿全書』フィルムアート社、二〇〇六年

キテイ、エヴァ・フェダー『愛の労働あるいは依存とケアの正義論』岡野八代・牟田和恵監訳、白澤社、二〇一〇年

コテ、ジェームズ「アイデンティティ資本モデル——後期近代への機能的適応」松下佳代・溝上慎一訳、溝上慎一・松下佳代編『高校・大学から仕事へのトランジション——変容する能力・アイデンティティと教育』ナカニシヤ出版、二〇一四年、一四一〜一八一頁

坂倉昇平『AKB48とブラック企業』イースト新書、二〇一四年

サンドバーグ、シェリル『LEAN IN（リーン・イン）——女性、仕事、リーダーへの意欲』村井章子訳、日本経済新聞出版社、二〇一三年

清水節「宮崎駿が『千と千尋の神隠し』を語る——眠っていた「生きる力」を天才が呼び覚ますまで」『プレミア日本版』二〇〇一年九月号、六六〜七三頁

ドラッカー、ピーター・F『新版 断絶の時代——いま起こっていることの本質』上田惇生訳、ダイヤモンド社、一九九九年

錦織史朗「ユニ×クリ AKB48「チャンスの順番」」POSSE Vol.10（二〇一一年二月）、一〇六〜一二頁

仁平典弘、山下順子編『労働再審⑤ケア・協働・アンペイドワーク——揺らぐ労働の輪郭』大月書店、二〇一一年

フロリダ、リチャード『クリエイティブ資本論——新たな経済階級の台頭』井口典夫訳、ダイ

ヤモンド社、二〇〇八年

ベル、ダニエル『脱工業社会の到来 —— 社会予測の一つの試み』上下巻、内田忠夫ほか訳、ダイヤモンド社、一九七五年

ホックシールド、A・R『管理される心 —— 感情が商品になるとき』石川准・室伏亜希訳、世界思想社、二〇〇〇年

三浦玲子『村上春樹とポストモダン・ジャパン —— グローバル化の文化と文学』彩流社、二〇一四年

文部科学省『平成一三年度 文部科学白書』http://www.mext.go.jp/b_menu/hakusho/html/hpab200101/index.html

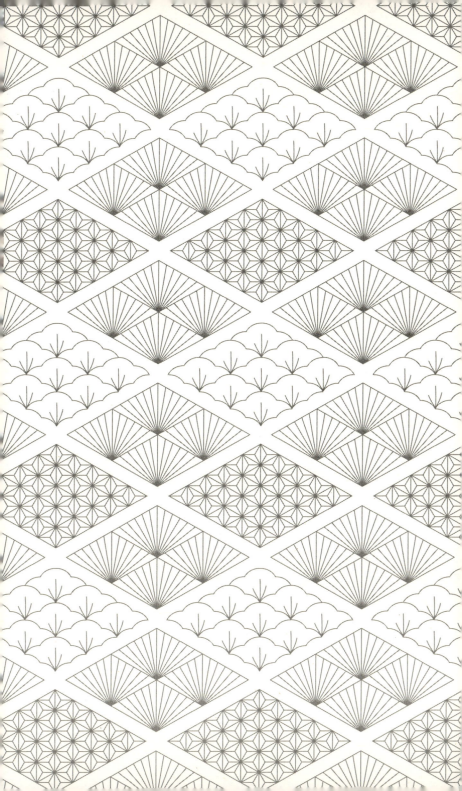

第四章

母亲缺位的理想『社会』

——从《新世纪福音战士 EVA》到《星际穿越》

惊现超级保姆

　　上一章我们讲到，《千与千寻》于故事结尾处暗示，照料劳动有偿化进程中还存在着无法被有偿化的依存劳动。坊宝宝脱离对汤婆婆的依存，这个情节表明汤婆婆也有可能成为具有依存性的存在（千寻称呼的"婆婆"）。这部作品试图向大家展示的是依存劳动、照料劳动有偿化进程外部的情况。

　　然而，依存劳动有偿化是一种被乌托邦向往所驱动的行为，这一点不可忽视。那是一种向往解放的渴望 —— 想要逃离存在于制度性性别歧视主义横行的福利国家中的核心家庭制（作为资本主义系统一环的家父长制）。无偿劳动绝对不是非资本主义式的劳动，比如家庭主妇的劳动就是资本主义系统的重要一环（米斯、沃尔霍夫[1]）。也就是说，有偿的依存劳动中存在一种可能性，即从完全把有偿劳动强加于女性的体制中解放出来的可能性。不过我们依然不得不思考这种"解放"被新体制回收的问题，特别是在2000年以后。所以

---

[1]　其日语名分别为ミース和ヴェールホフ。分别指Maria Mies和Claudia von Werlhof。可在本章参考文献中找到相应条目。—— 译者注

我们必须要正视依存劳动有偿化的两面性。它既梦想着以理想方式脱离资本主义和家父长制，同时又被后福特主义式的工作福利制所吸纳。在这种新的工作福利体制中，家务劳动的外包和有偿化（同时也是廉价化）成为关键。照料劳动有偿化的外沿，即无法被有偿化的依存劳动，也许一方面相当于一切向市场看齐的新自由主义的外沿，另一方面还是福利国家家庭主妇无偿劳动的残留。

对这一点进行精彩描写的，就是前一章提到的《逃避虽可耻但有用》。此外，还有2011年日本电视台播放的《家政妇三田》，脚本由游川和彦撰写。这个叫阿须田的人家，母亲刚刚意外身亡（实际上是自杀），没有了家庭主妇，家里一片混乱，这时三田灯——一个能以超群能力完成雇主命令的保姆出现了。不过，三田灯像个机器人一样，从来不笑，面对指令也只会面无表情地说"遵命"，然后再去精准无比地完成。三田怪异的性格是由过去的痛苦经历造成的。小的时候她曾遭遇溺水险境，亲生父亲为了救她而丧命，母亲再婚后，不但继父对她有意思，连再婚后出生的同母异父弟弟美彦都对她怀有扭曲的爱情。尽管如此，三田还是正常地结婚生子、过上了普通人的生活，不料却遭到美彦的仇视，后来美彦纵火，三田因此失去了丈夫和儿子。在葬礼上，三田的生母和公婆辱骂她说："你一笑就会带来不幸，到死为止别再笑了。"三田决定遵守这个命令，于是再也不笑了。

这个命令与前一章《魔女宅急便》中的感情管理命令完全相反，《魔女宅急便》中主人公琪琪的母亲对她发出的命令是"不要忘记笑容"。三田呢，面对阿须田家想从她身上寻求母爱的孩子们，反复强调的是："我不是你们的妈妈。"

这部作品所描写的是一种带有讽刺意味的理想——把感情劳动的要素从家务劳动中彻底剔除，家务劳动全部由机器人来承担。同时，这也是一种"即使母亲（家庭主妇）缺位也能组成完美家庭"的理想或者说思想[1]。

家务劳动有偿化、外包化，家庭主妇这种意义上的母亲不再是必需品——究竟我们是寻着怎样的道路走到这种家庭模式的呢？刚才谈到了理想、思想，其实超级保姆这样的形象，恐怕只是为了用想象解决现实矛盾才应运而生的。那么，这个矛盾是什么呢？

---

[1]　不过故事最后的情节走向是三田找回了笑容、并开始承认自己对阿须田家的爱。三田不会成为他们的家人，这是因为她要把母亲的位置留给（让给）结城丽，结城丽是阿须田家那位去世的母亲的妹妹，对父亲惠一有好感。就这样，故事本身虽然没有明说，但还是在描写通过母亲角色的再引进而让家庭获得新生。不过，对于本章内容来说，这个故事的解决方式充其量只是一种点缀。我们的重点还是讨论在本章出现的母亲缺位系列作品中，用超级保姆形象来弥补母亲作用这个题材的历史性。

《星际穿越》中母亲为什么已经死了？

　　当我们设定了以上问题，突然就会发现，近年来各种各样的故事都有以"母亲缺位"为前提或者说出发点的奇妙情节。比起用"缺位"这个词，更确切地说是在故事开始前母亲就已经死了，这样的设定频繁出现。

　　比如由克里斯托弗·诺兰执导，2014年上映的影片《星际穿越》。这部作品描绘了虫洞、黑洞等等的穿越体验以及由此引发的时空穿越，通过科学的考证、描写，使观众获得身临其境的感受。这种硬科幻演绎，以及宇航员库珀与女儿墨菲的动人父女情，是这部大片的两条主线（图1）。

图1 /《星际穿越》

　　故事以步向灭亡之路的地球为始，当时沙暴四起，农作物无法生长，但原因不详。库珀曾经是一名工程师兼宇航员，现在则与父亲、女儿墨菲和儿子一起生活，靠种玉米为生。某天，库珀与女儿墨菲一起解读她房间出现的谜之留言时，发现了正在施行地球逃离计划的NASA的所在地，后来库珀成为了参与该计划的宇航员，这便是整个故事的序章。而这个家庭的母亲，则是在故事开始前就已经去世的设定。根据电影中的台词可知，其死因应该是脑瘤。

同类型故事中，特别是所谓灾难电影、灾难故事的一众故事中，很多都是母亲已经去世的设定。我们该如何解读这个情节呢？灾难故事，泛指以某种原因（外星人入侵、自然灾害等）造成的世界毁灭为中心或背景的故事[1]。比如，我们可以看看根据科马克·麦卡锡原作改编、约翰·希尔寇特执导，2009年上映的电影《末日危途》。这个故事也是即将迎来世界末日的情节，读者、观众、电影中的出场人物都不知道世界毁灭的缘由。影片主要描写的是灾难中的亲子（这部作品中是父与子）感情。而母亲则在父子流浪的主体故事之前就消失了踪影。虽然不知道母亲是不是去世了，但与悲惨状况下依然坚强活下去的丈夫相比，她确实是因放弃了希望而消失的。

《星际穿越》（或《末日危途》）中母亲的缺位，可以算得上是前一节所说的"母亲缺位的理想家庭"愿景吗？或许我们无法直截了当

---

[1] 关于灾难电影和新自由主义以及全球化的关系，请参考三浦玲一《村上春树与后现代日本——国际化的文化与文学》（『村上春樹とポストモダン・ジャパン——グローバル化の文化と文学』，彩流社，2014年）。这本书把《泰坦尼克》《独立日》《绝世天劫》这样的好莱坞大片当作灾难电影，但从原理上说，这些电影所共有的要素是劳动消失的思想（请参考上一章），以及与劳动相关的社会缺失。从这个意义上看，灾难故事的范畴可以涵盖本书所提到的几乎所有的日本动漫作品。

地给予肯定回答。至多可以说，排除母亲的存在是为了给父女、父子建立亲密关系赋予可能性，关于这一点之后我们还会讲到。不过，我并不是要分别说明各部作品中母亲缺位的现象。我认为，应该把这些作品放在"母亲缺位系列"的谱系上进行说明。

《星际穿越》的故事源自《超时空接触》？

　　如果你是科幻电影迷，那么看了《星际穿越》后第一个联想到的肯定是《超时空接触》（罗伯特·泽米吉斯执导，1997年）。这部电影由卡尔·萨根1985年出版的同名小说改编而成（**图2**）。

　　朱迪·福斯特饰演的主人公埃莉娜（埃莉）·爱罗薇是一名参与SETI项目（地外文明探索项目）的科学家。她一直在阿雷西博天文台进行科研调查，但后来失去了资金来源。埃莉凭一己之力寻找赞

图2 /《超时空接触》

助商，当大家都说这个项目太天马行空时，她对此发表了激昂演讲，反而吸引了一个名叫巴登的富豪，得到了他的支援。于是埃莉开始在新墨西哥进行调研，调研中，她捕捉到了以"织女星"称号闻名的恒星Vega的电波信号。参考巴登的建议，埃莉对信号进行了破解，发现那是通向Vega的传送设备（只允许一人

乘坐）设计图纸。从这里开始，事情变得微妙起来。面对可能存在的地外文明，不仅仅是政治界，连宗教团体、恐怖组织、以巴登为代表的商界等等都各怀鬼胎，蠢蠢欲动，终于招致混乱。最后，通过传送设备乘坐员最终选拔，埃莉的上司德木林得到了乘坐资格。但是，恐怖宗教组织成员实行了自杀式爆炸袭击，传送设备被毁，德木林也因此丧命。不过，巴登在北海道偷偷建造了传送设备二号。埃莉乘坐该设备穿越虫洞，奔赴 Vega。而当到达 Vega 时，埃莉发现自己竟然身处小时候画的画儿里，那是一个梦幻海边。她还见到了已经去世的父亲，不过，父亲的影像其实是外星人创造出来的。父亲的影像告诉埃莉，外星人就是通过这种形式与拥有智慧的生命体进行接触与交流的。埃莉返回地球，但返回后才发现，地球上的时间距她出发时完全没有向前推移，埃莉的摄像头中除了杂音什么也没有显示。大结局就是埃莉的记忆被定性为"幻觉"。不过最后的最后，事实还是浮出水面，埃莉的摄像头确实已经运行了18个小时。

对于故事情节，我做了一个比较长的总结，相信大家通过情节介绍应该已经能够明确看出它与《星际穿越》的共同点了吧。与地外文明的接触，穿越虫洞的宇宙旅行，父女的情感联结（埃莉小时候被父亲引导走上天文学之路的情节有很详细的描写）。另外，还有最重要的两个题材要素：第一，女儿的科学家身份；第二，母亲已经去世的设定。

在前一节中没有特别强调的是，《星际穿越》中的女儿墨菲，在父亲去往黑洞附近进行宇宙旅行期间（相对较快地成长）成为了科学家，并且和《超时空接触》的埃莉一样，开始解读来自"地外文明"的信息，希望能够拯救人类。另外，在刚才的情节介绍中也省略了一点——《超时空接触》中埃莉的母亲也是在故事开始前就（因生埃莉时引发的并发症）去世了。

这个情节代表什么呢？除了《超时空接触》是《星际穿越》的原始素材这种单纯的说明方式以外，还有没有别的可能性呢？

回答是肯定的。不过我在这里想特别指出的是，《星际穿越》和《超时空接触》虽然有这种相似性，但却是完全相反的电影作品。这两部影片，关于女性与职业、母性这些问题有一些重合的领域，但依然改变不了它们南辕北辙的事实。

那么这里所说的问题领域指什么呢？用一句话来概括，就是关于女科学家与母亲的问题，还有与之相关的社会存在、社会缺失的问题。

《超时空接触》和新自由主义"社会"

《星际穿越》和《末日危途》这两部作品，除了母亲缺位和灾难之外还有一个共同点——一言以蔽之，就是它们都未对社会进行描写。《末日危途》本来就是以失去了社会（文明）的世界为舞台背景的故事，并且，作品主题并不关心社会的重建和共同体的形成这些方面，而是指向毁灭状态下的人类伦理问题（特别是关于吃不吃人这个伦理问题），勉强还能算上亲情问题。以上这点至关重要。

《星际穿越》对宇宙旅行真实感的描写可以说是精益求精，与之相对，对地球社会整体的描写，简直可以说是不管不顾了。把人类送往遥远银河寻找移居地是个大项目，主持该项目的NASA究竟有什么资金来源、受什么组织支援，则完全成谜（关于NASA的资金来源有一条不太自然的伏线，即学校老师所说的："钱的话大学已经没在使用了。"），特别是电影开头还暗示美国军队并不存在（由此推断出国民国家并不存在）。在这部影片中，地球上似乎只有库珀的农场和NASA的秘密基地。社会，是不存在的。

与之相比，《超时空接触》甚至可以说是只描写了社会的作品。

其主题与其说是地外文明的存在，不如说是直面地外文明存在时人类的反应。人类的反应最终渐渐并入宗教、科学这类（美国式）主题，在这个过程中所描绘的科学家、政府、宗教人士、恐怖组织、金融界等各种势力的霸权斗争，在《星际穿越》中是不存在的。

这个社会存在和社会缺失的差别，也直接表现在埃莉和墨菲两个不同形象的女科学家身上。《超时空接触》中的埃莉是一个爽朗的女权主义者。为了自己那份追求科学真相的信念，即使面对上司、政府高官也会毅然反抗。并且，埃莉能够自主决定自己的性 —— 这在后续剧情中愈发重要。故事序章中，埃莉在阿雷西博天文台邂逅了基督教哲学家帕尔默·乔斯（由《星际穿越》中库珀的演员马修·麦康纳饰演），与他发生了一夜情。在离开阿雷西博天文台时，埃莉扔掉了写有乔斯电话号码的纸条，而且这显然不是一个因职业需求不得不放弃爱情的艰难决断。她用毅然决然的态度，来决定自己的职业、自己的性。埃莉应该算是第二波女权主义者。在科学这个男权领域中依靠一己之力杀出一条血路，拥有决定自己人生的强大力量 —— 这就是埃莉所代表的女性形象。不过，与此同时，她也是一个后女权主义者。

所以说，《超时空接触》中对社会的描写与埃莉这个人物形象的塑造有着深刻的关联，但这个"社会"也绝不是完整的社会全貌，而只是一种新自由主义式的社会群像。这是因为，在接收并解读地外文明信息的过程中，埃莉被切断了政府资助，从政府团队中被除名，但她还是靠自己的力量获得了私人企业（富豪巴登）的资助，能够继续"追寻真相",这个构图就是:无能的政府、官僚制度vs有能力的个人。举个例子,与《超时空接触》同样于1997年大火的日本电视剧《跳跃大搜查线》也是完全同类型的作品。再比如,2012年至2016年连播4季的人气电视剧《Doctor-X外科医生·大门未知子》,它的构图是:自由职业的天才外科医生vs官僚主义低效率"白色巨塔"式的大学附属医院。此构图中向官僚体制发出挑战的个人位置由一个后女权主义式人物所占据,她总是厌恶地表示"没有医师执照也能做的事概不接受",拒绝一切感情劳动,穿着白大褂,却总是隐约露出里边的超短裙和热裤,把女性性要素展露无遗。对此,我们又该如何解读呢?

后边我们会讲到"世界系",模拟这个"世界系",我想把以上作品命名为"社会系"[1]。埃莉的女权性,在反官僚这一点上可与新自由主义合流。《超时空接触》确实描写了社会,但这个"社会"充其量也不过是一个新自由主义式的、个人能够最大限度发挥才能的环境[2]。在这一点上,对警察官僚机构、大学附属医院等进行"写实"描

---

[1] 日语中,为了与真实世界相区别,"世界系"的"世界"使用的是片假名,即「セカイ」;作者仿照"世界系"自创了"社会系"的概念,为了把"社会系"中的"社会"与真实社会区别开来,作者使用了片假名,即「シャカイ」。译者把普通意义上的世界、社会直接翻译为世界、社会,"世界系"的"世界"、"社会系"的"社会"则加引号表示,以便与真实的世界、社会进行区分。——译者注
[2] 之后会提到宇野常宽提出的决断主义,决断主义不是90年代"世界系"式的封闭,而是2000年后那种必须参与社会、在社会中生存下去的感性,但这个社会也不过就是本书所说的那种"社会"吧?关于这个疑问还有探讨的余地。"社会"是为竞争而生的环境,可以理解为后期新自由主义的工作福利制社会。宇野常宽《2000年的想象力》(『ゼロ年代の想像力』)早川书房,2011年。新自由主义依存于设立竞争规则的国家,论及这一点的著作有William Davies, *The Limits of Neoliberalism: Authority, Sovereignty and the Logic of Competition*, revised edition, London: Sage, 2017。

写的电视剧也如出一辙。

与之相对,《星际穿越》中的墨菲,可以说是另一种意义的新自由主义。墨菲也是一个通过追求真理拯救人类的英雄人物,但她的能力并不像埃莉那样来自反官僚主义的信念与行动。她的能力来自于与父亲的情感联结,正是这种与父亲的情感联结让社会缺失(甚至连"社会"也不存在)成为了可能。

隶属"世界系"的《星际穿越》

《星际穿越》中没有社会。社会缺失，但是有父与女之间密切的情感联结，并且这种情感联结拯救了世界。这种情节构造对于日本人来说（以及对于世界上熟悉日本动漫文化的人来说）耳熟能详。是的，这就是"世界系"构造。

据说"世界系"这个词，2002年诞生于网络，用来指代以1995年至1996年播放的动画片《新世界福音战士》为雏形的一系列作品。作为"世界系"代表作经常被拿来举例的有：新海诚的动画电影《星之声》（2002年），高桥真的漫画《最终兵器女友》（2000年—2001年），秋山瑞人的小说《伊里野的天空、UFO的夏天》（2001年—2003年）。根据东浩纪（東浩紀）给出的定义，"世界系"是指"把主人公与恋爱对象间小小的情感关系（'你和我'），在不插入社会、国家这些中间项描写的情况下，与'世界危机''世界毁灭'等大大的存在论问题直接联系在一起的想象力"（東 p.96，此外，关于'世界系'的总括性讨论请参考前岛）。

《星际穿越》就是"世界系"。如前所述，《星际穿越》中没有对社会的描写。取而代之，拯救人类的是墨菲与库珀这种"你和我"的亲密情感联结。作品中甚至连《超时空接触》里描写的那种"社会"也不存在（顺便一提，最后墨菲和库珀"你我"的关系貌似解除了，不过其实那只是被另一种"你我"关系替代了，这个"你我"就是库珀和在遥远银河某行星独自等待他的艾米莉亚之间的关系，艾米莉亚由安妮·海瑟薇出演）。

此处，我想提出的假说是：《星际穿越》属于"世界系"，这与墨菲这样的女科学家（女性与科学家）人物形象的创造密切相关。该人物形象的核心是，墨菲作为职业女科学家的身份与她成为母亲这件事之间不存在矛盾冲突。至少在电影的视角中，从墨菲收到库珀的信息，到库珀与墨菲再会，或者说，从单身女科学家墨菲，到在一大家子人的陪伴中去世的墨菲，这中间所发生的一切，都没有被描写出来。

也许有人认为，我们只看《星际穿越》这一部作品时，没有必要特别讨论这一点。然而，如果我们把《星际穿越》放在"世界系"作品中去看的话，这个"从女科学家到神话般母亲"的跨越就是极为重要的题材了。这让我想到了被称为"世界系"鼻祖的《新世纪福音战士》（以下简称《EVA》）。

《EVA》也是一个母亲缺位的故事，甚至也许我们还很想下这样的断言——以上作品中母亲缺位题材的鼻祖就是《EVA》。不过，就如鼻祖的既定命运一般，《EVA》中的母亲缺位与它之后的同系列作品相比也存在着更为深刻的矛盾。

说起《EVA》中的母亲，第一个受到瞩目的应该就是主人公碇真嗣的母亲碇唯。碇真嗣被迫成为既是巨型机器人同时也是人造人的EVANGELION驾驶员，与使徒这种谜之生物作战。EVANGELION与驾驶员心灵相通，受驾驶员精神支配。驾驶员坐在名为插入栓的驾驶舱内，插入栓则被一种叫LCL的液体所填充，故事中的角色们多次表示，LCL有血的味道。另外，EVANGELION还需要连接外部电源，电源线被称为脐带电缆——这个词自然会让人联想到脐带（umbilical cord）（只不过，umbilical cord是既存用语，意为飞行员、潜水员的安全保护绳、传送绳索，或者是火箭发射前的传送绳索，所以不算是一个特别创造的词语）。

　　总而言之，EVANGELION驾驶舱形同子宫。实际上，真嗣乘坐的初号机上就寄存着母亲碇唯的灵魂。碇唯是一名科学家，参与了EVANGELION的开发，在起动实验中作为驾驶员乘坐时EVANGELION发生了事故，被EVANGELION吞噬。

　　从主人公碇真嗣与缺位（但却以亡灵或者说女神的形式存在）的母亲之间的关系来看，宇野常宽对母性的反乌托邦论述应该是正确的（pp.245-246）。宇野常宽总结道:《EVA》这部作品中"设置了两种形象，一种是'强行要求主人公碇真嗣"成熟（指能够驾驭机器人）"的父亲'，另一种是寄存于机器人之中的母亲的灵魂，也就是'阻拦孩子成熟、试图让孩子回归子宫的母亲'，后者渐渐压倒前者，这个过程被描写为'人类补完计划'"（p.252）。在电视动画系列中，为了呈现开放式结局，对人类补完计划没有进行明确描写，只进行了一点解释，但随后的剧场版（《新世纪福音战士 Air/ 真心为你》（1997年 ））结局则描写了人类液化、回归成为一个生命体的情景，宇野常宽认为这个情节等同于回归母亲子宫。

如果我们想以本书的语境来否定这个解读，那么可以说，这仅仅是从主角视角即男生视角进行的解读。而《EVA》作为"世界系"鼻祖，是用真嗣与同学兼驾驶员的绫波丽之间的你我关系（之后还会提到，绫波丽是碇唯的克隆人，这里的你我关系与母子关系很难区别开来）来展现"人类"的。

换言之，宇野式解读中的"世界系"，作为一般原理，包含着"男性自我"视角下的女性厌恶。宇野常宽指出的"世界系"强奸幻想就是厌女症的其中一张面孔。你我这种关系既是强烈的爱，同时也是憎恶。在这种关系中，女性被他者化、物化。也就是说，现实中的女性、现实中的母亲，被迫成为了与本义相差悬殊的概念。

然而，如果说这部作品中除了碇真嗣与碇唯这对母子之外，还存在着其他母亲缺位的重要情节，情况又会如何呢？通过论证这一点，是否可以说"世界系"鼻祖《EVA》超出了"世界系"原理的范围呢？

《EVA》与娜乌西卡的后女权主义

　　村濑广美（村瀬ひろみ）从以上问题角度对《EVA》进行了论证。村濑指出，《EVA》可以作为"女性成长故事"（《女性主义·亚文化批评宣言》p.80[1]）来解读，同时也高度评价了葛城美里、赤木律子这些"成熟"（前者29岁，后者30岁）女性的真实性。

　　这两个角色中，我将重点探讨后者。不过在那之前，我提议先把本书一直使用至此的"后女权主义"一词引入村濑的论述中，对其论述进行再阐释。

　　葛城美里和赤木律子这两个人物，前者是战斗指挥官，任职于依靠EVANGELION（新世纪福音战士）作战的特务机关NERV，后者是同组织技术开发部的科研人员，两者都是从事专业技术工作的职业精英。但她们都与激进女权主义者的形象相去甚远。村濑独具慧眼，注意到了二人的服饰穿搭。比如，"精英职业女性对'男性化'服饰的追求只到雇佣机会均等法出台为止"，"穿着高垫肩样式的

---

[1]　日文版原名为『フェミニズム·サブカルチャー批評宣言』，可在本章参考文献中找到相应条目。——译者注

图3 | 赤木律子（出自《新世纪福音战士》）

男性化服装、昂首阔步的那种职业女性形象，到80年代中期就已经过时了"（p.85）。现代女性不同于以往形象，她们总是一边亮出女性特征，一边战斗。村濑表示，美里和律子的超短裙，一方面当然可能是为了服务观众，但它也确实代表了工作即战斗的新女性形象。

这一点正是缘于二人的后女权主义者身份。比如，罗萨林·吉尔（Rosalind Gill）指出，在后女权主义中，女性的身体性和性征成为了可供管理与利用的重要武器（Gill pp.155-156）。由此就衍生出像《美少女战士》《光之美少女》这种战斗美少女故事，故事中的美少女们一边保持"女性性"（通过变身还增强了"女性性"），一边作战。美里和律子都是30岁左右的年纪，这个年纪也让她们战斗美少女即后女权主义者的形象更为真实。如前所述，白大褂配超短裙的大门未知子正是这类后女权主义者的一曲变奏。

下面就让我们来聊一聊赤木律子吧（图3）。赤木律子的母亲也是在故事开始前就去世了。律子母亲赤木直子是NERV超级计算机

MAGI 系统的开发者。这是一个在三台电脑间采取多数决定制的系统，赤木直子把自己的三种人格——作为科学家、母亲、女人的思考方式分别移植到了三个系统当中（第13集《使徒入侵》）。直子是 NERV 总司令，同时也曾是真嗣父亲碇源堂的情妇。后来碇唯的克隆人绫波丽向她转达了碇源堂的话："那个大婶已经没用了。"因此，她怒气大发，杀了丽，然后自杀。赤木律子则像重蹈母亲覆辙一般，与碇源堂有了男女关系后又受其背叛，最后也走向死亡。

结果，赤木律子这个人物形象还是没能成为理想的"社会系"后女权主义者。想要成为理想的后女权主义者，在职业身份、女性身份以及母亲身份之间是不可以产生纠葛的（"社会系"中的大多数根本不生育，因此避免了这种纠葛）。MAGI 就是一个象征。简单来说，从事专业技术工作的职业女性，其恋爱、成为母亲时所要面临的困难，从赤木直子、律子这对母女身上来看，不管是在母亲的时代还是女儿的时代，都没有得到解决。

不过，在《EVA》这部作品中，确实存在理想的后女权主义者。那就是碇唯。理想的后女权主义者也就是"拥有一切（have it all）"的女性。碇唯同时拥有科学家、女性（成为了碇源堂的妻子）、母亲三重身份，并且不受三者矛盾之苦。这是如何实现的呢？一方面是由于碇唯本身性格所致，不过最终还要归功于她的死。如村濑所说，她通过死亡与 EVANGELION 合为一体，登上了神话母亲的宝座。

从女科学家到神话母亲的跨越，正是把碇唯与《星际穿越》中的墨菲联系在一起的题材。于是问题就可以简化为——从女科学家到神话母亲的跨越不过是一个神话。也就说，女科学家成为母亲所产生的现实矛盾，是通过想象解决的。换言之，碇唯在没有成为"社会系"后女权主义者（埃莉、大门未知子等）的情况下就成功解决了这些矛盾。

然而，这里我们不得不正视想象中即思想上的这种解决之根基上存在的乌托邦幻想，那就是我在本章开头提出的对"母亲缺位的完美家庭"的乌托邦幻想，这种"母亲缺位的完美家庭"既是从母亲那里的解放，同时也是母亲的解放。但是，《星际穿越》也好《超时空接触》也好，它们虽然与《EVA》共有这种幻想，但最终仍是以各自的方式把从事专业技术工作的职业女性成为母亲所产生的矛盾消灭得干干净净。与之相对，《EVA》至少还用赤木律子、葛城美里这类形象揭示了后女权主义者的困难处境。

此外，碇唯通过想象解决困境的手段当中还包含克隆人即人造人这个题材。这是因为，如前所述，碇唯成为母亲，并不仅仅是成为碇真嗣的母亲，还意味着她成为了自己的克隆人绫波丽的母亲。也就是说，我们可以理解为这里所展示的是无性繁殖 —— 或者也可以叫不用分娩即不用劳动（英语中都叫 labor）的生殖 —— 这个乌托邦愿景。对此村濑提出了疑问："作为母亲的唯，作为女儿的丽，究竟能不能算是新世纪的母女呢？"（p.102）

我们有必要从日本的流行文化中找出与克隆技术相关的另一个神话般的女科学家兼母亲形象 —— 那就是宫崎骏漫画《风之谷》（『風の谷のナウシカ』）的主人公娜乌西卡。这里我想探讨的不是电影版，我们只看漫画版就可以了。可能大家没有意识到，娜乌西卡的身份首先是一个科学家。她生活的世界诞生于被称为"七日之火"的末日战争之后，这个世界被吐出名为"腐海"的剧毒瘴气的森林所覆盖，人类一边争夺没有被腐海吞噬的少量土地一边艰难度日。娜乌西卡是第一个发现腐海真相的人。如果用洁净的水来培育腐海植物，那么它们就不会再散发瘴气，通过这个科学实验，娜乌西卡发现了真相——腐海正在净化被污染的土地（只是在这个真相背后还隐藏着另一个真相，最后也被娜乌西卡发现了）。

娜乌西卡是一名女科学家。关于这一点，我会在第五章详细论述。这部作品是向官僚组织（古代人类科学组织）宣战的"社会系"作品，与此同时，娜乌西卡在故事结尾还升格为母亲——她为引起"七日之火"、被称作"巨神兵"的巨大人形兵器取名"奥玛"，成为了它的母亲。就这样，作为女科学家的娜乌西卡没有通过性，就实现理想，做了妈妈。想要了解她的母性，只要听一下宫崎骏的证词即可。宫崎骏曾表示，娜乌西卡是大胸，这不仅仅是因为要"给孩子哺乳"，也是因为，"当原来城堡里的老伯伯、老婆婆们都渐渐离世，可以紧紧环抱住众人的，我觉得就应该是这样的胸怀。所以必须要大"（《吉卜力浪漫影集 风之谷》p.83[1]）。

不过，在娜乌西卡这个神话般的母亲形象中也并不是不存在矛盾——那就是在故事快要结束的第七卷中唐突（这只是我的想法）

---

[1] 日语原版名为『ジブリ・ロマンアルバム　風の谷のナウシカ』。可在本章参考文献中找到相应条目。——译者注

插入的娜乌西卡母亲的故事。她的母亲感慨述怀，说自己生了11个孩子，但活下来的只有娜乌西卡，之后娜乌西卡说："虽然母亲把心里绝不可能治愈的悲伤告诉了我，但她并不爱我。"（第七卷 p.119）要理解娜乌西卡母亲的形象，恐怕不得不从娜乌西卡和母亲的母女关系这个角度进行一番解释。我们应该理解为，娜乌西卡这个理想的母亲形象和娜乌西卡母亲这个不爱孩子的母亲形象，是对普遍意义上的"母亲"的憧憬和与之背道而驰的怨恨这两者分裂、具象化后的产物。让我们大胆假设——娜乌西卡的母亲形象中，也许包含着赤木律子和她的母亲所怀抱的痛苦。如果这个假设是正确的，那么就可以断言，娜乌西卡这种拥有理想母性的形象，即无性生殖的母亲形象，正是在排除了赤木母女的那种痛苦与矛盾的基础上才有可能成立的。

由此可知，作品虽然揭示出了矛盾，但娜乌西卡这个人物仍然被呈现为女科学家兼理想母亲的形象。《风之谷》是在男女雇佣机会均等法制定前夜开始连载的，其主人公逐渐成长为专业技术工作者，还成为了母亲，这种后女权主义理想作为对现实形势的迅速反应，被放在神话水准之上（娜乌西卡是被预言的存在）展现了出来。这种理想形象，又持续不断地传递给《EVA》中的碇唯、《星际穿越》中的墨菲。在这个传承的过程中，《风之谷》《EVA》中初露头角的矛盾也渐渐被消除了。

让我们回到最开始提出的那个问题：母亲缺位谱系是什么？一方面，母亲的死是为了把母亲升格为神话般存在的手段。碇唯就是一个典型。只是我们不得不指出，其背后存在着与之完全不同质的母亲缺位现象。这种情况下缺位的母亲，是被娜乌西卡、碇唯、墨菲这个系谱所体现出的神话母性所排斥的，并且也被"社会系"后女权主义女性形象所排斥的母亲。神话隐藏了现实中的矛盾。这个矛盾是指成为高学历的专业技术工作者与成为母亲之间的矛盾，以及作为矛盾解决方法之一的家务劳动外包所蕴含的剥削女性劳动力的问题。另外，这个矛盾也是大门未知子身上体现出的矛盾——既是一名自由职业的天才外科医生，同时（以医生男同事的叫法）又是无业人员、或者说是如果没有技术随时都会被解雇的非正规劳动者。并且，这个矛盾还是一种困境——我们无法把围绕这些矛盾产生的经历称为"女人的""我们的"经历。

我在开头说过，《家政妇三田》是乌托邦式的作品。这句话的意思是，这部作品通过塑造不提供感情劳动的超级保姆形象，实验性地展现出一种家庭模式——既不涉及神话母性问题，也不用考虑伴随无偿的依存劳动所产生的痛苦。遗憾的是，这个实验性的家庭模式，与娜乌西卡们的神话母性同样属于空想。别忘记三田还有一句名言："那应该由你（们）自己决定。"这句话是放任不管的意思，也就是迫使对方承担新自由主义式责任、进行自主选择的意思。这句话永远地留在了那个家庭里，而选择可能带来的悲剧结果则隐于无形之中。

尾声1　AI文学史的可能性
——《午睡公主》和《机械姬》

　　本章将通过两个尾声作结。首先我想指出，如果要从其他切入点探讨本章内容，那么存在这样一种新的可能性 —— 我们姑且称之为AI（人工智能）文学史。这是因为，观察近年来AI作品的倾向就会发现，其核心内容如我们从《家政妇三田》中总结出的那样，就是围绕家务劳动与照料劳动产生的乌托邦幻想。反过来说，本章提及的各种作品中不一定有AI登场，但却都隐藏着从"AI文学"角度重新解读的可能性。AI文学史，应该会成为涵盖这类作品的文学史。关于这一点可以再写一本书探讨了，我在这里仅概括地进行一点简单记录。

　　近年来有一些探讨AI与照料劳动、爱情劳动等关系问题的作品，比如动画电影《夏娃的时间》（完整版电影于2010年上映）、电影《触不到的她》（2013年）、《机械姬》（2015年）。当然在此之前也有很多以机器人为主题的作品，即使没有使用AI这个词。这些作品大多在探讨人类与机器的界线，同时也在探讨机械与劳动相关的伦理问题（比如手冢治虫的《铁臂阿童木》）。不过，近年来的这些作品则被打上了我们在前一章与本章讨论的现代照料劳动这个独特问题的烙印。

虽然没有直接把照料劳动当作主题，不过作为与本章探讨内容强烈呼应的作品，我们可以举出2017年上映的动画电影《午睡公主——我不为人知的故事》为例（顺便说一句，这部作品作为地域动画[1]的最新版也备受瞩目，如果要书写一部地域动画史，那么它就是其中的最新作品，关于这一点则需要另行讨论了）。《午睡公主》的主人公森川心羽是一名高三学生，生活在2020年的冈山县仓敷市。她总是在午睡时做同一个梦。梦中，她会成为被称为"心之国"的工业国家的公主，名叫安雪，由于她可以用平板电脑（这是之后我们将谈到的心羽父亲的平板电脑）施展魔法为机器注入生命，所以虽然贵为公主，却被幽禁在玻璃塔中。该王国一直受到"恶鬼"巨人的袭击，王国则以巨型机器人"气缸头"与之进行对抗。

在现实世界中，心羽的父亲桃太郎是一名汽车修理工，某天突然被警察拘捕。他把屏幕碎裂的平板电脑交给了心羽，之后心羽就开始被身份不明的男人们追捕，于是她向青梅竹马的守男求助，开始了逃亡。下边，我把梦与现实交织的复杂情节简化一下：这个平板电脑其实是心羽已经去世的母亲郁美留下来的，郁美是大型汽车公司"志岛汽车"会长的女儿，也曾是技术高超的人工智能研发人员，

---

[1] 指将现实城镇作为舞台的动画作品。——译者注

追踪心羽的那些男人则是志岛汽车的员工，他们为了制作完成即将到来的奥运会开幕式上需要使用的自动驾驶汽车，想要拿到平板电脑中的数据。

首先，值得我们深思的是，作品如何呈现既往工业产品与搭载AI程序的机器之间的差异。这种差异，在梦中的心之国被置换为工业技术与魔法的差异，以此加以强调。AI不是作为既往科技延长线上的事物，而是作为本质上范式完全不同的事物（魔法）来进行处理的。另外，更加引人深思的是，这里的人工智能开发者是在故事开始前就已经去世的科学家母亲。我们只能通过片尾中的回忆画面进行推测，母亲郁美可能是在自动驾驶汽车实验事故中死去的。被实实在在描写出来的母亲的死，是在梦之世界里受到恶鬼攻击的死，如果恶鬼所象征的是科学技术上的失败，那么郁美的死就是由技术失败造成的。这一点暂且不论，总之她的死与《EVA》中碇唯的死恰好相仿。不过，《午睡公主》与《EVA》的不同之处在于，《午睡公主》整个故事的主题就是母亲郁美与婴儿时期就失去母亲的心羽之间母女关系的再缔结（这与碇唯和绫波丽之间不可能存在的母女关系旨趣截然不同）。故事结局暗示说，身为高三学生的心羽以成为母亲那样的科研人员为目标，决心考取东京的大学（在这里地域动画的设定就起作用了）。而在电影开场中，描写过心羽为完全不做家务的父亲做早饭的情景，她动作十分娴熟，且早饭看起来美味可口，这样的心羽最后却树立了成为科学家、专业技术工作者的志向 —— 这个成长线就是《午睡公主》的本质。故事中也出现过心羽连某些简单汉字都读不出来的情节，所以说，为了实现目标，她应该还需要付出相当大的努力去学习。不管怎样，这都是一个女权主义式的成长故事，故事中穿插着代替人力工作的人工智能题材，这一点尤为重要。

能够以最为激进的女权主义观点进行解读的 AI 题材作品，当属电影《机械姬》。虽然这部名作在日本推迟上映，并且没有全面公开，但却占据着举足轻重的地位。我还想对《机械姬》另做详细论述，所以在这里就不展开讨论了。不过我想指出，这部作品也描写了家务劳动、照料劳动、爱情劳动与 AI 的关系，但它以鲜明强烈的方式，对 AI 从这些劳动中的解脱进行了描绘，与其他各种 AI 造反故事相比，其立意之深刻，不可相提并论。

尾声2　矛盾回归？
——《消失的爱人》和《WOMBS转孕奇兵》

至此，我们对描写职业女性兼职母亲产生矛盾、同时又抹杀矛盾的系列作品进行了探讨，而通过想象中的解决隐藏起来的矛盾，必定以其他某种形式铩羽而归。最后我想再介绍两部以激烈的方式戏剧化描写这种矛盾回归的作品。其中一部是惊险电影《消失的爱人》（2014年），改编自吉莉安·弗琳2012出版的同名小说*Gone Girl: A Novel*，由大卫·芬奇执导。

故事主人公是一对名叫尼克和艾米的夫妻。二人都在纽约当作家，收入颇丰，但由于出版业不景气导致二人双双失业，尼克的母亲还罹患癌症，于是他们只好搬到了尼克老家密苏里州的乡村。在二人结婚五周年纪念日这天，事件爆发了。尼克回到家，发现艾米失踪，现场有打斗过的痕迹。艾米的父母也曾是作家，《了不起的艾米》是他们以艾米为原型创造的儿童读物，艾米也因此成名，她的失踪成为了媒体大肆报道的对象。随着调查不断深入，家庭暴力问题、信用卡债务问题等对尼克颇为不利（但尼克本人并不记得）的证据浮出水面，于是尼克成为了犯罪嫌疑人。

然而真相是，艾米其实是自主消失的，她为了报复尼克的出轨，演出了这场被尼克谋杀的大戏，想要（通过最后自己的死亡）把尼克逼入死刑的境地，这就是她设计的"完美犯罪"（明确这个"真相"是在故事讲到一半时，《消失的爱人》真正的精彩之处还在后续情节之中）。

这部电影主要是想表达高学历女性（艾米是哈佛大学毕业的）成为（并且是被迫成为）家庭主妇和母亲时的痛苦与艰辛。艾米喜欢纽约的生活，经济能力方面也明显优于丈夫尼克，但是却要从事依存劳动，即照料尼克生病的母亲，并且要屈身农村，被迫成为一个家庭主妇（顺便一提，尼克的父亲在电影开始时出现过，好像是因为认知症住进了相关机构。可见，这部电影侧重于描写看护问题）。不仅仅是艾米，还有尼克和尼克的双胞胎妹妹玛戈都经历了失业，这一点是关键之处。艾米和尼克都属于传媒业，玛戈则是从IT转到金融业且名噪一时的人物，他们（前两者是由于出版业不景气，后者是由于2008年的金融危机）却都因为失业而被大都市淘汰。也就是说，这三个人都是新自由主义式"社会"的失败者，并且这个失败对艾米来说造成了一种惩罚——不得不在保守至极的农村当个家庭主妇。另外，如果阅读小说原作的话就会了解到，该故事是以2008年金融危机、可能还有2011年"占领华尔街"运动以后的晚期新自由主义世界为背景的。尼克和艾米移居的新兴开发住宅区遍地空屋，作品中还描写了住在他们附近的单亲妈妈因负担不起房贷而消失不见等等类似的情节（Flynn pp.30-31）。

艾米的完美犯罪表面上是对尼克出轨的复仇。但是从其他角度来看，也可以说她是试图以完美犯罪的形式去解决后女权主义者的矛盾，而这种矛盾是无法如娜乌西卡、碇唯、墨菲一般获得完美结局的。这个故事也以无性生殖的情节收尾，这种一致仅仅是偶然吗？艾米用尼克保存在精子库里的精子怀了孕，在媒体上向世人演绎了夫妻关系修复的幸福大戏。艾米和本书中登场的神话母亲们一样，没有通过性交就实现了生育。只是，一个比较大的差异在于，她是在经历过无数次性爱的基础上才选择了这样的生育方式。并且，她还在媒体上成为神话般的母亲。这一切都由她自己操控。这就构成了一幅甚至称得上荒诞的性自主讽刺漫画——虽说如此，艾米也不是单纯的红颜祸水，电影早就封禁了如此解读的可能性，对于这幅讽刺漫画，我们又该如何理解呢？

最后，我想介绍的是白井弓子创作的漫画《WOMBS转孕奇兵》（『WOMBS』）。这部作品以恶趣味的方式，对娜乌西卡之后出现的那些以战斗美少女为代表的、描写在职业女性身份与母亲身份之间取得理想平衡的作品谱系进行了鞭笞。在这部漫画中，成为母亲（怀孕）本身就是一种战斗武器。故事发生在一个叫"碧王星"的虚构星球上。人类移居至此，第一批移民和第二批移民之间，长年战火不断。在第一批移民的军队中有一支仅由女性组成的特别部队。这支部队的女性们（传送兵），通过把碧王星原住生物尼巴斯的身体组织移植到子宫内，来获得尼巴斯的飞行能力。

作品中反复强调，虽然从生物学角度看性质不同，但这些战士就是孕妇。这种新式战斗美少女——战斗孕妇（不知道还能不能称为美少女），其实并不算是标新立异的设定。传送兵这个形象，凝聚着本章探讨的后女权主义矛盾，具有该意义上所说的历史必然性。然而，受作者描写方式的影响，我们很难下结论说战斗孕妇的形象使矛盾获得了解决。此外，虽然传送兵也是无性生殖的形象，但别说称其为理想了，连称其为思想恐怕都行不通。不如说，这部作品其实是把现有的矛盾以令人毛骨悚然的方式展现在读者面前。把儿子碇真嗣困于子宫当中去战斗的母亲，我们不得不与其亡灵的视角进行同化——而不是与神化母亲的"男性自我"的视角进行同化[1]。从娜乌西卡到墨菲，被神话一般理想化的战斗母亲系列所压抑的东西，在战斗母亲（孕妇）这个形象上又形成了可怕的回归。这，就是《WOMBS转孕奇兵》。

---

[1] 松本次郎的《JK女子攻兵》（全7卷，新潮社，2011-2015年）是与《WOMBS转孕奇兵》完全相反、彻底恶搞战斗美少女幻想的作品。在这部漫画中，驾驶高中女生形象、名为"女子攻兵"的巨型机器人战斗的士兵们，如果超越了驾驶极限就会受到精神污染，和高中女生合为一体而发狂。这种精神污染可以解读为从男性视角消费战斗美少女幻想的恶搞。

参考文献

Flynn, Gillian. *Gone Girl: A Novel.* New York: Crown, 2012.〔『ゴーン・ガール』上下巻、中谷由紀子訳、小学館、二〇一三年〕

Gill, Rosalind. "Postfeminist Media Culture: Elements of a Sensibility." *European Journal of Cultural Studies.* 10. 2(2007): 147-166.

『ジブリ・ロマンアルバム　風の谷のナウシカ』徳間書店、一九八四年

東浩紀『ゲーム的リアリズムの誕生——動物化するポストモダン2』講談社、二〇〇七年

宇野常寛『ゼロ年代の想像力』早川書房、二〇一一年

ヴェールホフ、クラウディア・フォン『女性と経済——主婦化・農民化する世界』伊藤明子訳、日本経済評論社、二〇〇四年

白井弓子『WOMBS』全五巻、小学館、二〇一〇〜二〇一六年

前島賢『セカイ系とは何か』星海社、二〇一四年

ミース、マリア『国際分業と女性』奥田暁子訳、日本経済評論社、一九九七年

宮崎駿『風の谷のナウシカ』全七巻、徳間書店、一九八三〜九五年

村瀬ひろみ『フェミニズム・サブカルチャー批評宣言』春秋社、二〇〇〇年

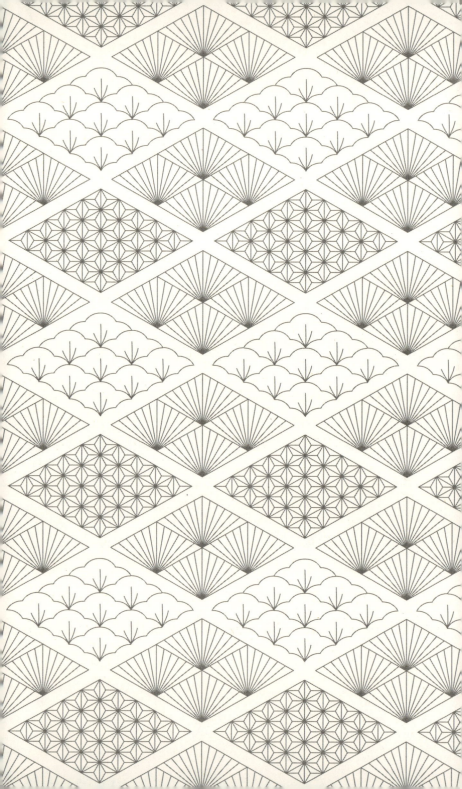

第五章

《辉夜姬物语》、第二自然、『必须活着』的新自由主义

图1 /《辉夜姬物语》

高畑勋执导的动画电影《辉夜姬物语》（2013年），也是革命性的（**图1**）。这部作品的原型《竹取物语》被称为日本最古老的故事。影片除去前半部分一些重点的改写，大致情节与《竹取物语》基本相同，故事沿着五位贵公子向辉夜姬求婚的始末、皇帝的求婚、辉夜姬回归月宫的顺序一路发展，相信大家对此已经耳熟能详了。

不过，《辉夜姬物语》的革命性是从这里开始的——该电影作为一部翻拍作品，对《竹取物语》主人公的内心世界也进行了描绘。这个内心世界，主要是指受家父长制所压抑而痛苦不堪的内心世界。作品前半部分在描绘内心世界方面的改写，是原作中本不存在的情节，因此意义特殊。与原作相同，辉夜姬诞生于闪闪发光的竹子，成为了伐竹翁的养女。伐竹翁的村子里有一群木工师傅，以制作木碗等等木工产品为生，辉夜姬就是和木工师傅的孩子们一起长大的。此处改编很关键。混在以孩子王舍丸为中心的孩子堆里，辉夜姬（被孩子们称为竹子）在山间疯跑、捉野鸡、偷西瓜、光着身子游泳，欢度童年。

然而，伐取翁经常从切断的竹子里发现金银华服，他把这奉为天命，认为自己应该让辉夜姬像高贵的公主一样成长。于是，伐竹翁不再让辉夜姬和舍丸他们一起玩耍，而是把她关在了京城的大宅子里，认为嫁与贵族男子才是辉夜姬最大的幸福，因此，开始像教导高贵的公主一样培养她。

电影中，前半部分添加的与捨丸这些小伙伴们玩耍的情节，与后半部分承袭了《竹取物语》原有内容的情节形成鲜明对比，通过这种对比设定了一个理应回归的理想时空，因此，这部作品便可以被解读为渴望实现女权主义式解放的故事。换言之，辉夜姬拥有身为竹子的理想过去，通过这个设定，更加突显了其上京后的孤独。最能表现辉夜姬对解放渴望之强烈的，是她从成人仪式宴会上逃离的场景：当她听到客人们侮辱性的言词时，从房间里飞奔而逃 —— 撞破了拉门，脱去了阻碍行动的和服，向着村子狂奔（图2）。

顺便一提，脱去和服这个行为作为追求自由的象征，在电影中还出现过两次。一次是在序章，辉夜姬跳进河里的场景中，另一次是在最后回到村子与捨丸再会的场景中。在第二个场景中，辉夜姬拒绝了捨丸的"公主抱"，反而褪去阻碍行动的和服，邀请捨丸一起

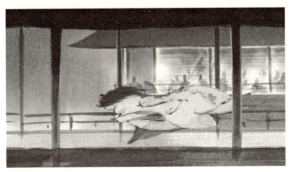

图2 / 辉夜姬飞奔（出自《辉夜姬物语》）

飞翔，而飞翔也可理解为性行为的隐喻（这里性的主动权掌握在辉夜姬手里）。从这一点看，这是一个刻意描写的"带有女权主义色彩"的瞬间。

此外，这个飞奔的场景还给我们留下了一个印象 —— 辉夜姬身体里被压抑的野兽冲破桎梏，兽性大发。斋藤环（齋藤環）对这个场景十分重视，指出它与《风之谷》中娜乌西卡愤怒杀伐的场面意趣相通，因此，辉夜姬也应归在"战斗美少女"谱系当中。

确实如此。不过在本书中必须有一个附加条款，即，战斗美少女是把第二波女权主义式的渴望以某种限定形式（错误）表现出来的产物。是的，辉夜姬就是战斗美少女。但她不仅仅是娜乌西卡，她也是与《冰雪奇缘》中的艾莎相同意义上的战斗美少女。

"活下去/必须活着"的新自由主义

　　如果上述理论成立的话，那么我们就有必要探讨一个问题：《辉夜姬物语》的革命性与《冰雪奇缘》是否具有相同的意义？换句话说，《辉夜姬物语》中对自由与解放的渴望，与对新自由主义革命的渴望是否能够区别开来？

　　当我们思考这个问题时，首先有一点非常重要 ——《辉夜姬物语》中辉夜姬向着自由的飞奔与向着自然的飞奔是重合在一起的。《辉夜姬物语》中，辉夜姬生长的村庄与京城，其实就是乡村或者说自然与大都会的对立，它又进一步延伸至地球生活与月宫生活的对立。对于辉夜姬来说，自由存在于乡村的自然中，还有地球上的烦乱生活里。

　　这种对立，其实是新自由主义式的对立。为了理解这一点，让我们来看看最后故事高潮部分辉夜姬与捨丸的对话吧。当那个下巴长似阴茎、长相荒谬的皇帝对辉夜姬求婚或者应该叫性骚扰时，辉夜姬断然、强烈地表示拒绝，并向月亮寻求帮助。当明白自己回归月宫已成定局后，辉夜姬哀叹连连。心生怜惜的养母遵从她想要重归故里的心愿，悄悄让人备车，把她送出家门（这个场景与刚才讲过的飞奔场景一样，不确定是不是现实中发生的）。于是，辉夜姬得以与捨丸再会，这时捨丸已经长大成人、结婚生子。辉夜姬表白说："如果是和捨丸哥哥在一起的话，也许我早就得到了幸福。"以下就是二人当时的对话。

捨丸	别开玩笑了。你不可能像我们这样生活的。
辉夜姬	我是可以做到的！我不是做到了吗？小时候那会儿！
捨丸	穿这种破衣烂衫？
辉夜姬	嗯。
捨丸	时不时还要吃草根？
辉夜姬	嗯。
捨丸	走投无路时还要去偷东西什么的？
辉夜姬	其实我看见了。
捨丸	哦……
辉夜姬	都是因为我，你才倒了大霉。
捨丸	算不上什么的，那点小事儿。
辉夜姬	是啊，算不上什么。只要能感受到活着。那样的话我一定会得到幸福……

《辉夜姬物语》描写的村庄和京城中，存在着诸多围绕乡村与城市产生的矛盾要素，就如雷蒙德·威廉斯在《乡村与城市》(*The*

Country and the City）中论述的一般。辉夜姬所憧憬的乡村其实是一种浪漫幻想中的美丽乡村。在与舍丸的上述对话中，舍丸揭穿了乡村的真实情况和乡村中的贫困，对这样的乡村进行了批判。然而辉夜姬却把贫困归结为活着的真实感受。

归结为活着的真实感受——《辉夜姬物语》中的新自由主义正体现在此处。到了故事结尾，如我们在前边讲到的那样，重要的价值二元对立从村庄（农村）和京城（城市）的对立转变为地球和月宫的对立。月宫是一个"既不会心烦意乱"、"还能除去地球上一切污秽"的地方（这是一个天仙的原话）。地球上虽然贫困，但却充盈着与生命和情感相伴而生的感受，而月亮世界是摒弃这一切的，没有活着的真实感受，只是一个淡然无味的乌托邦，或者叫反乌托邦。

这种月上世界与地球世界的对立，是经过规划的、不自由的（但却富裕的？）社会与混沌（还贫穷）但自由的社会的对立，这种对立相信大家都不陌生，简单来说，它正是社会主义性质的国家或者叫福利国家与新自由主义式资本主义体制的对立。而活着的真实感受，就相当于激情剥削中的"工作价值、工作意义"。

或许你觉得这样的断言太过唐突，那就再去看看其他吉卜力作品吧，这种对立形式其实是吉卜力作品的老套路。在这种情况下，类似"活下去"（《幽灵公主》）、"必须活着"（《起风了》）的广告词，就有了比广告词更为深远的意义。深入研究一下宫崎骏作品中自然与非自然即人工的对立以及它们的复杂解构，就会发现这些命令是对规划社会的否定，它的另一张面孔，就是要求人们在新自由主义式的自然，即市场环境中活下去的指令。

《风之谷》中技术与自然的解构

实际上，"必须活着"既是《起风了》的广告语，同时也是漫画版《风之谷》（于1982 —— 1994年连载，『風の谷のナウシカ』）的最后一句台词。在上一章中我们讲过，《风之谷》主人公娜乌西卡属于"向官僚组织宣战的社会系"。"社会系"是一种脱离制度的孤立个人对抗低效率腐败官僚制度（公安组织、大学附属医院等）的故事模型，这种故事模型受到了后女权主义部分作品（以从事专业技术工作的职业女性为主人公的作品）的青睐。如上一章所说，娜乌西卡作为男女雇佣机会均等法施行前夜开始连载的漫画的主人公，拥有从事专业技术工作的女性科学家这个身份，该人物形象可以算作是"社会系"的原型。

我则希望通过考察《风之谷》中自然与非自然（或者说是技术）的对立，向大家展示把这部作品称为"社会系"作品的真正含义[1]。

---

[1] 笔者曾在《解读文化与社会评论关键词词典》（『文化と社会を読む批評キーワード辞典』，大贯隆史、河野真太郎、川端康雄编，研究社，2013年）中执笔"技术"一词，本书对上述词典中"技术"一项加以适度修改，重新收录。本书中撤消了关于"技术"的结论并加以修正。

《风之谷》故事设定在距今2000多年之后的遥远未来，那时距离一场让人联想起核战争、名为"七日之火"的大规模战争已经过去了千年之久。世界被释放有毒瘴气的腐海森林所覆盖，人类在仅剩的一点土地上过着战战兢兢的生活。如果不戴防毒面具进入腐海森林，肺部会立刻受损以致丧命。但这个森林中不是没有生命，很多异形虫就能在此存活，这些虫子的首领是一种巨大如山、形如鼠妇的王虫。主人公娜乌西卡是生活在边境风之谷的王族少女，后来被卷入多鲁美奇亚王国与土鬼诸侯国的战争之中，她加入了多鲁美奇亚一方，参与作战。

这部作品首先设定了技术与自然两个对立项。娜乌西卡进入腐海深处，与虫子们交流，因为有这样的经历，所以发现了腐海森林的秘密。这个森林是为了净化被人类污染的土壤而诞生的。也就是说，对于由人类技术造成的污染（可联想到核污染），大自然发挥了自然治愈的能力，试图进行自我净化。

这部作品的动画电影版（1984年），在维持技术与自然对立的情节中收尾。娜乌西卡作为调节技术（人类造成的污染）与自然（腐海）对立的英雄，做出了诸多自我牺牲，由于她的自我牺牲，对立一时得到缓和（然而本质上并没有解决），电影在此落下帷幕。

不过，这里我还想参考一下故事原作（漫画版）。在漫画版中，由于一点巧妙匠心的变化，技术与自然的对立实现了解构。最后真相大白，内容如下。腐海和居住于腐海中的虫子们实际上不是自然的产物，而是科学家们在七日之火发生后，为了净化地球研发出的净化装置。更让人震惊的是，娜乌西卡这些人类其实也被改造过，以适应被污染的地球生活。这些人造人只能适应污染，所以在净化后的世界里是无法生存的。世界净化后，他们就会灭绝，被原装人类所替代。这便是整个计划。原装人类以胎儿的形式，被保存在汇集了人类所有科技知识文明的神殿（也许应该叫诺亚方舟）之中，这个神殿被命名为"墓所"。

像上一章讲到的那样，娜乌西卡成为了以七日之火灭世的人造巨型兵器巨神兵的母亲，最后她决意带领巨神兵破坏墓所，把秘密隐藏于心，与人们（也就是人造人们）一起活下去。当然，这个决定很可能造成遥远未来人类的灭亡。而做这个决定的根据就在于"人造人也是生命"。此处请允许我引用一段娜乌西卡的动人台词："虽然我们的身体是人工制造加工的，但我们的生命是我们自己的生命/生命，用生命的力量活着/如果那个清晨〔世界净化日〕终将到来，那么我们就迎着它活下去吧/我们是一边口吐鲜血一边反复跨越那个清晨、展翅飞翔的鸟儿！"（第七卷 p.198）由技术创造的生命也叫自然，这个宣言解构了技术和自然的界限。故事在娜乌西卡对人们的呼吁中落下帷幕："那么让我们/出发吧，无论多苦/必须活着……"（第七卷 p.223）

技术与自然的解构和劳动隐藏

什么是技术与自然的解构？下边请让我举例说明。因为巨大的蚁穴是蚂蚁们创造出来的，所以一般认为它是自然的。与之相对，高层公寓是人类技术结晶的产物，所以一般认为它是非自然即人工的。然而娜乌西卡对此想表达的是，没有证据显示蚁穴和高层公寓可以区别开来。从这个意义上说，连高层公寓也可看作是自然的。

更进一步讲，如果我们推衍《风之谷》中的理论，那么2011年福岛核电站核反应堆熔毁之后给工作室挂上"以非核电电力制作电影"之大旗、一直以来都以环保为基调的吉卜力和宫崎骏，反而可以被解读为实质上的核电赞成派了。这是因为，根据上述理论，不管是核电也好还是核电造成的核污染也好，都应该算作是自然的。

这个理论还可以推衍到社会问题上。社会究竟是人类有意识创造的人工产物还是自然产物？社会中的各种单位，如家庭、地域共同体、国民国家等等，究竟是人工产物还是自然产物？不仅仅是社会，还有其中的制度又怎么算呢？比如股票市场算什么？它确实是由人类技术创造出的制度。但一旦你买了股票想大赚一笔，也许就会发现股票市场看起来就像是一个巨大的、无法预测的自然。

此处，存在一个一般性问题：以上所说的技术和自然的解构有一个归宿（仅仅是其中一个），那就是人类劳动的隐藏。之前我们提到的雷蒙德·威廉斯《乡村与城市》，其一部分主题就与此相关。威廉斯在书中以宏大叙事从古罗马田园诗谈到现代科幻作家，其中他提到，古罗马诗人维吉留斯在那样遥远的年代已经写出了如下诗句："不需要耕作的土地，用咒语唤醒。"（p.17）也就是说，在田园诗的传统中，田园是一个经过美化、不需要劳动就可以创造财富的地方。此外，也许我们还可以看一看威廉斯的散文《自然观念》（『自然の観念』,1971年）中一个有趣的小故事，这个故事里的人物说："拆除篱笆是反自然的现代科学的一种疯癫。"（p.108）在这些例子中，本来应该称为人类劳动产物或者是人工产物的东西（篱笆）却被看作是自然的。劳动被当成了自然的一部分，甚至是被自然所掩盖、能够神奇般创造财富的东西。这种不靠劳动就生出财富的自然愿景由来已久，让现代人也痴迷其中。想想核电就明白了。核电是一种梦幻能源，这是因为，它让人类做了一场不劳而获的春秋大梦。当然，没有那些遭受辐射的廉价劳动力，核电站是不可能运转起来的，这在很多作品中都有所提及，成为了描写对象，如崛江邦夫的纪实文学《核电行业的吉卜赛人》（『原発ジプシー』,1979年），以及由它改编、森崎东执导的电影《活着干死了算党宣言》（『生きてるうちが花なのよ死んだらそれまでよ党宣言』,1985年）。尽管如此，我们第一次意识到核电也需要人类劳动来操控，还是在福岛核电站熔毁、陷入人力无法回天的状况之时，这是一个无法否认的事实。

即使是面对核电站这种毫无疑问的技术产物，实际上仍有一种思想作祟，认为它是自然的。正因如此，人类才会觉得从那里产生的财富如被施了魔法一般可以不劳而获。

刚才我们列举了股票市场的例子。与这个例子一样，资本主义也意图把自己包装成自然。也就是像威廉斯所说的那样，把劳动和剥削的真相隐藏起来。过去的田园诗都隐藏了庄园里的劳动，仅仅表达自然之美。现代诗如出一辙，也试图把资本主义市场及其中劳动、竞争、剥削的真相作为自然，或者说第二个自然表现出来。

我并不是想说《风之谷》这部作品完完全全地浸淫在以上思想当中。刚才我强调过，劳动的隐藏只不过是自然与技术解构的总结形式的一种。自然与技术解构，可以理解为一切都是自然的，同时也可以总结为一切都是技术的。后者是一种近代主义思想。它不仅仅是技术至上主义，还是一种人类主义。这种主义认为，我们理所当然当作自然的东西也是人类有意识、努力创造出来的东西，所以它们也能通过人类的意识与努力得到改变（如果我们以积极的方式去解读宫崎骏的思想，应该就会得出这样的结论）。

在这里，我不想断言《风之谷》到底属于哪一种思想，我只是想试着用历史的角度去解读作品中技术与自然的解构。其实，这部作品中技术与自然的二元对立及其解构，虽然看起来像是一个常见的主题，但事实上却有着非常具体的历史性。

《风之谷》《永不停止》与（后）冷战物语

　　《风之谷》算是科幻故事的一种类型。看一看科幻作品谱系就会了解到，《风之谷》这种"意识到自然环境原来是人工环境"的情节类型并非首创。比如，同类作品还有英国科幻作家布赖恩·奥尔迪斯的小说《永不停止》（『寄港地のない船』，1958年）。

　　这部小说和《风之谷》一样，起始于带有民俗学色彩的氏族社会。故事结局是这个社会从南河三回归地球，后来一直生活在一艘绕地球飞行的巨型宇宙飞船中。并且最后真相大白，原来故事中途出现的巨人族实际上正是人类本身，主人公们由于在南河三得了传染病而变态，被封闭在宇宙飞船中又慢慢变小，所以才会觉得人类是巨人，而这些已经变小的主人公们则成为了人类最后的血脉（距患传染病的一代相比已经过去了23代）[1]。

　　让我们来了解一下马克思主义文化批评家弗雷德里克·杰姆逊[2]

---

[1] 再列举几个相同类型的作品，如罗伯特·海因莱因的《太空孤儿》（『宇宙の孤児』），它被看作是《永不停止》的前史，还有一些日本漫画作品，如菅原雅雪的《晓星记》（『曉星記』）、弐瓶勉的《BLAME!》。

[2] 其日语名为ジェイムソン、フレドリック。可在本章参考文献中找到相应条目。——译者注

对于该作品的解读吧。杰姆逊表示，这部小说不断颠覆读者对于"类型的预期"。故事最开始是民俗学世界中的冒险物语，后来又趋向于梦幻奇谭，然后又演变成科幻故事，就这样，这部小说不断地改换类型。按照杰姆逊的解读，小说这种不断变换类型的形式与最后浮出水面的真相保持一致 —— 就是指围绕"由人类操控的人类操控（manipulation）"的真相。《永不停止》中的主人公被地球人类抛弃，虽然他们不是娜乌西卡那种人造人，但也一直坚定地把人工环境当作自然（这也是被设计好的），坦然地活着。这部作品形式和内容两方面都是"操控"的主题，相得益彰。换言之，通过类型变化对读者的操控与小说内容中的操控主题是相一致的。

杰姆逊认为奥尔迪斯小说的政治性是"反官僚主义"和"反社会主义"的（p.51）（实际上这个解读中有很多巧思妙想，这里忍痛割爱，不作赘述）。用一句话来总结的话，这部作品中"人类对人类的大规模操控"这个主题就是冷战自由主义。让我再说一次，《永不停止》是1958年的作品。这部作品批判了第二次世界大战时期的极权主义以及极端的官僚主义、行政管理体制，以此为镜像，肯定了当时西方的自由主义。

这种冷战自由主义的思想，既是二十世纪五六十年代福利国家的思想，同时也是为现代新自由主义做铺垫的思想。可以说，这种思想的存在是为了彰显"第一世界福利国家与社会主义国家截然不同"。此外，新自由主义把维持市场的自由当作首要任务，它的反面就是统治、管理市场的国家和官僚组织。请大家回忆一下我在上一节提到的内容：对（新）自由主义者来说，市场就是自然，由国家介入对其进行人工干预的行为就是"恶"。

图3 /《风之谷》

很明显，《风之谷》与《永不停止》拥有相同的情节构成，以人类操控人类为主题。那么，对于其表达的思想又应如何理解呢？它也是一部排斥宏观调控的自由主义作品吗？之前我们引用过娜乌西卡的台词，如果再来读一下这段台词的后续，可能我们就会给出肯定的回答。她说："活着就是改变/王虫、粘菌、花草树木、人类，都会不断改变/腐海也会和我们一起活下去吧/然而，你（'墓所'主人）不会改变/你拥有的只是设计好的未来。"（第七卷p.198）我们是否可以解读为，娜乌西卡对"设计好的未来"持否定态度，与其说她是在称赞自然，不如说她是在否定官僚主义式的管理，肯定具有灵活性的晚期资本主义。换句话说，娜乌西卡想表达的是："试图通过技术操控自然的行为是官僚的，所以行不通。"（图3）

如果我们以这种方式解读作品的话，那么，其中自然与技术对立（及其解构）的意义就会发生变化——在这种解读方式下，技术就不再是科学技术了，而是管理、统治，是官僚制意义上的技术，即生命政治[1]。此处，"必须活着"这个命令可以二次解读为："不是在被计划、被管理的社会里活着，而是在没被计划过的'自然'中活下去。"当然，这里所说的自然已经不是第一层意义上的自然了，而是人工的自然、也就是第二自然，但新自由主义的要义正是在于压抑、忘却第二自然的人工性，树立一种观念——市场与自由竞争对于人类来说才是第一自然，回归这种自然才会成为更有效率的社会。

在以"活下去"为宣传语的《幽灵公主》（1997年）中，也可见相同模式。《幽灵公主》以神灵与人类共存于自然界的神话时代（可能是在日本）为背景。从常识来看，《幽灵公主》可以被解读为这样一个故事：从前，世界上有800万神明存在，统治自然、维持秩序，后来神明被杀，掌握技术与产业的人类与自然共存（或者并没有共存），时代更迭。简单说，就是从幽灵即神明（和那个王者山兽神）掌管的自然到人类掌管的产业这样的过渡。在这种解读方式中，象征产业的是以垦林、制铁为生的达达拉人民和达达拉城主艾伯西。

然而，如果以本书的理论来看，那么这种解读方式显然并未抓住作品的精髓。这个故事不是在讲人类秩序替代自然秩序，甚至可以说正好相反，这听来难免令人惊讶。神明的秩序，在《风之谷》中

---

[1]　在思想方面，马丁·海德格尔和受其影响的米歇尔·福柯提出的技术论也同样不仅仅是纯粹的技术问题，还探讨了社会和在其中生存的主体即工程师的问题；此外，与《风之谷》相同，技术论也对自然和技术进行了解构。对此我不做过多介绍，请大家参考注释中的"技术"。另外，指出《风之谷》与海德格尔技术论关系的论述还有赤坂宪雄的《哥斯拉与娜乌西卡——来自海之彼方的生物》（『ゴジラとナウシカ——海の彼方より訪れしものたち』，EASTPRESS，2014年）。

相当于过去的人类规划好的秩序，当这种秩序丧失时出现了真正的自然，即不受神明统治的偶然性，人类不得不在其中艰难求生——这就是《幽灵公主》的主题。在《幽灵公主》中负责对设计好的秩序进行破坏的，是统领达达拉城人民的女性人物艾伯西。在《幽灵公主》中，艾伯西一己承担了两个角色的重要作用：一个角色是娜乌西卡，另一个角色是后边会讲到的库夏娜。当然，作品最后出现的自然即第二自然中，已经囊括了今后人类可能继续经营下去的产业，对于已经熟知《风之谷》中技术与自然解构的我们来说，这也算不得什么矛盾之处[1]。

　别说不能叫矛盾了，艾伯西的达达拉城不仅仅是产业化、工业化势力，更是社会近代化势力——这一点以意义深刻的形式完善了我们对作品的上述解读。小野俊太郎在《以宫崎骏作品重新认识"村庄集落"》(『「里山」を宮崎駿で読み直す』)中指出，达达拉城推进的不仅仅是男女平等、女性对经济活动及军事活动的参与，还有以麻风病患者为原型的病患及身体残障人士对社会活动的参与，可见它就是一个平等主义社会（pp.169–170）。这些社会参与、平等化或许就是一种广义上的近代化表现。但这里的社会参与是建立在技

---

[1]　虽然我说它们拥有同样的形式，但实际上《幽灵公主》可以说是对《风之谷》的否定。这是因为，如果真的沿袭《风之谷》形式的话，那么破坏众神秩序的任务就应该交给主人公（阿席达卡、珊等等），但实际上却是由艾伯西（与疙瘩和尚、以及他背后名为"师匠连"的神秘组织）这些难分善恶的人物承担了这个使命。主人公阿席达卡试图保护神明，但其行为造成了自己身上的诅咒再难解开的后果，从这个意义上说，事实上这些行为是与其自身利益相违背的。除了为支持珊这个私人动机外（并且这个动机在故事中是一个不充分动机），阿席达卡可以说是一个缺乏动机的奇妙存在。于是我很想把《幽灵公主》称为伟大的失败之作，不过之后我还要讲到，如果把《风之谷》当成一个"造反有理"的故事，那么《幽灵公主》就可以解读为在造反无理的世界里如何生存下去的故事，从某种意义上说，这个故事充满了新自由主义色彩。

术革新之上的 —— 技术革新是指对一种被称为"石火矢"的大炮进行轻量化设计、让女性也能够操控（病患人员参与石火矢的制造），因此这种社会参与就染上了军事色彩，这个平等主义也笼罩于其阴影之中。于是，一个疑问不禁浮上心头：这里所说的社会参与，和本书探讨的后女权主义背景下的女性社会参与（被驱逐进入劳动市场）有多大不同呢？

《幽灵公主》中神明死后的世界，就是《风之谷》中墓所被破坏后的世界，也正是我们刚刚说的第二自然。它不是受神明意志支配、而是由偶然性支配的自然世界。人类不得不学习如何在这种纯粹的偶然性中生存。"活下去"的命令，指的就是在这样的世界里生存下去[1]。

下面，我从历史角度把以上内容重新梳理总结一下。《风之谷》和《幽灵公主》虽然分别以神话般的未来和过去为舞台，但故事基本上都围绕着冷战结束及后冷战状况的出现[2]。这是因为故事整体上都包含着两个超级大国的斗争及一方的胜利，并且还都是革命与革命反转的故事。《风之谷》可以说存在两个主人公。一个当然是娜乌

---

[1] 因此，"博彩"就成为了新自由主义伦理。无论是东京也好、大阪也罢，领袖们作为新保守主义和新自由主义的化身，对建立公家经营的博彩业都十分热心，这是事出有因的。另一方面，经济活动也渐渐变得越来越像赌博，但人们不把经济活动叫做博彩，而是叫做（金钱）游戏。

[2] 很多评论家都曾指出，《风之谷》是一部讲述冷战结束的故事。比如稻叶振一郎的《娜乌西卡解读 ——乌托邦的边界》（『ナウシカ読解 ——ユートピアの臨界』，窗社，1996年）。我无法在本书中对其进行充分介绍，因为本书的主要内容是如何通过解读《风之谷》来探究后冷战时代对乌托邦进行再创造/想象的问题。在稻叶的解读中，《风之谷》中的"蓝色清净之地"（被腐海净化后出现的世界）并不是本章中所说的造反有理式的、把制度破坏殆尽后迎来的乌托邦，而是指与故事中的现在完全异质的谱系之上的（因为故事中的人物们是无法在那样的世界里生存的）、本来意义上的乌托邦。

西卡，另一个则是多鲁美奇亚王国的公主库夏娜。和娜乌西卡一样，库夏娜也是后女权主义式"社会系"女主角。库夏娜对多鲁美奇亚王国领导层（即官僚组织）的腐败深感愤恨，意图将其毁灭，这便是她为之燃烧的执念。库夏娜为向哥哥们复仇而活（后来有了变化），因为哥哥们曾对母亲投毒。可以说库夏娜是娜乌西卡的人格分身，娜乌西卡心中虽然也有愤怒，但执念和仇恨却不是她的行为动机。大胆地讲，执念这个要素，也是女权主义式渴望的一个重要组成部分。

不管是娜乌西卡还是库夏娜，都把造反有理当作行动原理。她们二人都想通过破坏制度（墓所和多鲁美奇亚王国的腐败体制）开拓乌托邦式的空间和可能性。然而，《风之谷》最为关键的一点在于，对制度的破坏并不会让乌托邦出现，出现的反而是否定意愿与规划的新自然，但这个自然实际上不是真正的自然，而是娜乌西卡用谎言隐藏了其人工性的自然，也就是第二自然。库夏娜则把这条路称为王道。从历史上看，这个王道就是指活在后冷战时代，也就是活在全球化和新自由主义这些非外在自然当中。当然，这里我指的就是1968那一年把革命挂在嘴边的人们，最终找到了新自由主义革命这条王道的故事。换言之，如揭开铺路石也找不到沙滩一般，《风之谷》就是一个关于"批判不具备可能性"的故事，以及对于恶，"批判有可能迎来反转"的故事，而形成作家宫崎骏基调的，便是这种自我意识[1]。

---

[1]　关于批判反转的问题，请参考吕克·博尔坦斯基（Luc Boltanski）和夏娃·夏佩罗（Eve Chiapello）合著的《资本主义的新精神》(『資本主義の新たな精神（上·下）』，三浦直希·海老塚明·川野英二·白鸟义彦·须田文明·立见淳哉译，中西屋出版社，2013年)。博尔坦斯基和夏佩罗探讨了资本主义是如何对自身进行"批判"以度过危机、并不断变化形态实现复兴的，他们把1960年以后重要的两次批判命名为"社会性批判"和"艺术性批判"。如果说社会性批判是围绕劳动与再分配等问题进行的马克思主义式批判，那么艺术性批判指的就是由批判与制度破坏实现的解放、即孤立的消除这种可以与1968年5月联系在一起的批判。但是这种批判回归到"资本主义新精神"（90年代商业理论所代表的、以自律性和灵活性为中心、对以往资本主义体制的批判）中去了。或者，《风之谷》就可以解读为一个艺术性批判受挫的故事。

无罪的惩罚与园景

那么，让我们回到《辉夜姬物语》中的自然问题。我认为已经一目了然了：与京城相对的村庄、与月亮世界相对的地球世界所表现的自然，如上所述，就是偶然性支配的第二自然。《辉夜姬物语》所推崇的，就是在这种具有偶然性的自然中一边体验"活着的真实感受"（有时还要陷入贫困之中）一边生存。说白了，它推崇的不是活在月亮世界的极权主义之中，而是活在自由市场的竞争之中。

与宫崎骏创作并执导的《风之谷》《幽灵公主》一样，高畑勋执导的《辉夜姬物语》也构筑了这样的价值体系。不过，前者的结局中暗示，公主们的选择是在第二自然中继续生存，与之相对，辉夜姬却失去了地球上的记忆，回到了月亮世界。这个差别应该如何理解呢？我们可以把它解读为高畑勋对宫崎骏作品的批判吗？

目前，我想到了两种解读方法，可以解释为何《辉夜姬物语》是对宫崎骏的批判。其中一种与对作品"公主的罪与惩"这句宣传语的解读相关。虽然这不过就是一句广告语，高畑勋也将其评价为"哗众取宠"，不怎么待见它（高畑/中条 p.73），但它确实一语中的，说出了这部作品的真谛。辉夜姬被贬到地球上的原因是她的罪，这个罪就是她对地球生活的向往。而她受到的惩罚，就是被贬谪到地球。但是，也许这种贬谪并没有成为天上人想象的那种意义上的惩罚。这是因为，天上人认为地球上的生活是肮脏的，所以被贬到地球才算是严惩，但辉夜姬却并不觉得地球上的生活肮脏。相反，对辉夜姬来说，让她离开地球才是惩罚。

那么，这种情节构造意味着什么呢？它意味着，在高畑勋的作品中，地球生活，即第二自然，即自由市场，其中的艰苦营生，是伴随着宫崎骏作品中所不具备的讽刺距离被表现出来的。不管辉夜姬能从地球生活中找到多少活着的真实感受，首先它都是一种惩罚。如果我们把辉夜姬的故事当作一个普通人类的生活寓言来看，那么罪与罚也许就意味着"人生本就是无罪的惩罚"。想在地球上生活是一种罪孽，对此的惩罚就是在地球上生活，那么活着本身就既是罪又是罚。这部作品正是建立在如此阴郁的思想之上。于是，宫崎骏作品中所传达的"必须活着"，听起来就无比残酷了。因为它就是这样一种命令：在作为无罪惩罚的生活中忍耐下去吧。

与此相关，还有一点值得关注，那就是辉夜姬在京城大宅里建造的园景。辉夜姬的养母进京后仍然无法改变乡村生活习惯，经常在宅子附近的小工坊和田地里勤耕劳织。思乡心切的辉夜姬拜托养母，因此得到了那块田地，她仿照自己所怀念的家乡，在田地里建造了相似的园景。

后来，在寻宝求婚竞赛中，五个公子均告失败，寻找"燕之子安贝"[1]的石上中纳言捉子安贝时从燕子窝上摔下来、受了伤，以至丧命，于是辉夜姬开始边哭边用镰刀铲掉园景里的花花草草。看到这一幕，养母老媪与公主之间发生了这样的对话。

老媪　　　公主，怎么了？

辉夜姬　　这个庭院是假的！（一边手脚并用损毁园景）假的！假的！假的！假的！什么都是假的！我也是假的！我也……

老媪　　　（一边按住辉夜姬）快住手！

辉夜姬　　大家都落了个不幸的下场。都是我的错。

老媪　　　不是公主的错。不是公主的错……

辉夜姬　　不，就是我的错。都是因为这个我是假的。

老媪　　　公主……！

辉夜姬　　事情会变成这样，我想都没想过。

老媪　　　是啊。但是，不是你的错。

　　此处，辉夜姬把两个东西称为"假的"。一个是用园景形式再现的家乡，另一个则是她自己。但这两个假的东西实际上是同一个东西——这便是该情节的重要性。也就是说，像前面讲到的那样，她的家乡其实是第二自然，虽然它向人们展示出原始自然的假象，但

---

[1]　在日本孕妇生产时，为了讨个好兆头，产婆会将宝螺放在产妇手中，祈求母子均安，故称之为子安贝、安产贝。"燕之子安贝"则是燕子生产时用的子安贝，而燕子生产时是不需要这种东西的，所以辉夜姬提出的这个测试项目就是对求婚公子们的刁难。——译者注

实际上却是新自由主义式的市场社会，是榨取劳动价值的场所。园景用讽刺的方式揭示了真相——第二自然是假的自然。

早在《辉夜姬物语》问世前的1991年，高畑勋就已经在《岁月的童话》中提出了自然虚假性的问题。故事主人公妙子在东京出生、成长，因为放暑假时没能与父母一起回农村老家，于是对农村产生了憧憬，这种憧憬越来越强烈。妙子在东京做着白领的工作，但一到假期就会去山形县，在姐夫亲戚家的农场里干农活，帮忙收割红花等等。她把农村中的优美自然与风景理想化了，被其深深吸引，然而这种幻想受到了各种层面的批判。其中一个场景是姐夫的堂兄弟俊雄向她指出，乡村风景不是自然，而是在这里开展农业的人们经过劳动创造出来的，另外还有一个场景是当妙子被问到要不要和俊雄结婚、来山形县生活时，她动摇了，深切地感受到自己并没有真正理解乡村生活到底是什么，以及乡村生活意味着怎样的劳动。如小野俊太郎所说，《岁月的童话》可以作为对高畑勋之前的作品《萤火虫之墓》以及同时期上映的宫崎骏作品《龙猫》（1988年）的批判来进行解读。《龙猫》把故事舞台设定在20世纪50年代的东京郊外乡村，由于经济高速成长，那里的自然风景即将消失，后来（20世纪90年代）被命名为"里山"，观众们对这片风景充满了乡愁般的怀念。但是，就如《岁月的童话》所揭示的那样，《龙猫》里的自然也是人工的。辉夜姬则对此进行了再批判。

那么，辉夜姬说自己是假的，这又怎么解释呢？辉夜姬一直拒绝像商品一样被放置于婚姻市场，对五个贵公子百般刁难也是出于这个原因。但是她突然意识到一个事实：自己为了避免被商品化、成为竞争果实而采取的行动，反而激发了五个公子的竞争之心，终于致人丧命。自己并不是引发竞争的商品 —— 至少她一直在拒绝成为这样的商品。然而事与愿违，辉夜姬终于还是成为了具有过剩稀缺性和价值的商品，加速了市场社会即新自由主义式自然的发展。对于资本主义的狡诈伎俩，辉夜姬也只能束手就擒。"假的！"这句呐喊，至少是一种对资本主义的揭发。

从这一点上看，对于前一节所说的娜乌西卡、库夏娜这样的造反有理"社会系"主人公来说，辉夜姬就成为了一种批判。她刻意表达出，自己的革命（拒绝婚姻和自我商品化）最终回归至反转的革命（无上白热化的市场社会）。因此也可以说，"假的！"是面向娜乌西卡步入的王道所发出的呐喊。

至此，不知大家有没有发现，老媪那句"不是你的错"的安慰，实际上是极其残酷的。"不是你的错"，换一种说法，就是"不是你的罪"。是的，这句安慰坐实了辉夜姬正承受着无罪之罚的事实。走在王道之上，这并不是你的错，即便如此，这条路你还是不得不走。

既然已经到了这一步，宫崎骏还要强调"必须活着"吗？即使我们过着不是自己的错、也不是自己的罪却受到惩罚的人生？恐怕他还是会继续强调吧。我在这里想说的并不是高畑勋优于宫崎骏，也不是宫崎骏优于高畑勋。相反，我想指出的是，宫崎骏作品与高畑勋作品形成了一种完美的对话关系。对于我们以上探讨的内容，宫崎骏并非没有意识到。即使我们现在经历的生之残酷被以《辉夜姬物语》这种形式展现在了眼前，恐怕他还是会强调"必须活着"。在深知"必须活着"的命令也是新自由主义命令的前提下，他才把"必须活着"的道理讲出来。我不想给这样的态度定罪。正确理解"必须活着"这句号召的残酷，"以清醒的慧眼看穿"对"必须活着"这句命令的抵抗，这些才是出发点 —— 为了开始思考我们所处的现在以外的世界。以此为出发点，我们必须把宫崎骏和高畑勋之间这种激烈到难以称之为对话的对话继续下去。对于我们来说，这才是真正的"活着"。

参考文献

Williams, Raymond. *The Country and the City*. Oxford UP, 1973.〔レイモンド・ウィリアムズ『田舎と都会』山本和平ほか訳、晶文社、一九八五年〕

ウィリアムズ、レイモンド「自然の観念」『共通文化にむけて――文化研究I』川端康雄編訳、大貫隆史・河野真太郎・近藤康裕・田中祐介訳、みすず書房、二〇一三年、九二～一二〇頁

オールディス、ブライアン『寄港地のない船』中村融訳、竹書房、二〇一五年

小野俊太郎『「里山」を宮崎駿で読み直す――森と人は共生できるのか』春秋社、二〇一六年

齋藤環「「戦闘美少女」としての「かぐや姫」」『ユリイカ』四五巻一七号（二〇一三年一二月）、一一八～一二四頁

ジェイムソン、フレドリック「SFにおけるジャンルの不連続性――ブライアン・オールディスの『スターシップ』」『未来の考古学II――思想の達しうる限り』秦邦生・河野真太郎・大貫隆史訳、作品社、二〇一二年、三五～五五頁

高畑勲／中条省平「インタヴュー躍動するスケッチを享楽する」『ユリイカ』四五巻一七号（二〇一三年一二月）、七〇～八二頁

宮崎駿『風の谷のナウシカ』全七巻、徳間書店、一九八三年～九五年

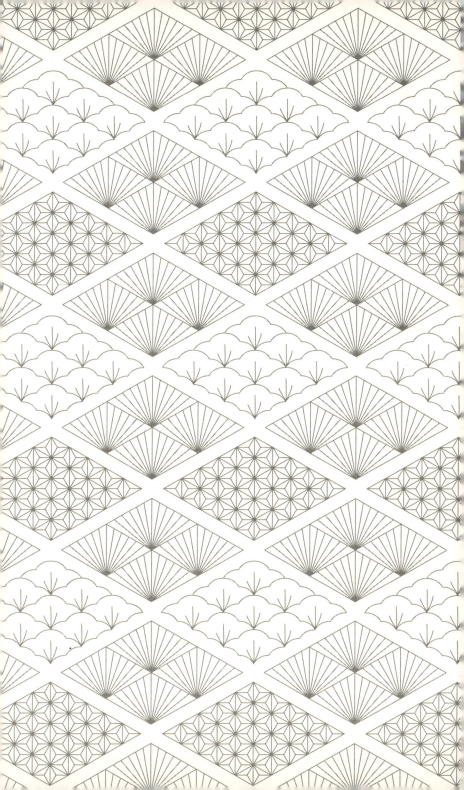

[终章]

面向后新自由主义

目前我们所处的劳动状况，通过文化语境是如何被表现出来的（或者说被隐藏起来的），这就是贯穿本书的主题。这个"状况"可能指向的词汇是新自由主义、后福特主义、全球化，不过最重要的一点是，这些劳动状况最先锋的表现方式是后女权主义状况。

我们已经强调过很多次，这里所说的后女权主义并不是作为主义的新女权，而是指一种状况——认定第二波女权运动目标已达成、因此带有第二波女权主义色彩的关联与解放的政治都不再必要的设想。人们认定，在这种状况中，女性已经从福利国家式的、作为再生产劳动容器的核心家庭中解放出来，获得了职业选择的自由，也随之获得了消费自由。

这种后女权主义，表示的应该是革命过后的状况。然而问题在于，革命到底是什么？这里有一点很重要：看似与第二波女权主义拥有毫无关联的主张的后女权主义，实际上与第二波女权主义有着非常重要（不过是部分上）的连续性。换言之，如果我们说后女权主义状况与新自由主义状况匹配度很高，那么这是因为第二波女权主义中对解放的渴望和对新自由主义式自由的渴望部分重合、难以区分。如果我们无法理解这种不稳定的连续性，那么也就看不到后女权主义与新自由主义的另一面，这便是奠定本书基础的思想。

然而，这里所描绘的现在，真的是我们所处的现在吗？我们的现在，只能是新自由主义这个反转革命后的状况吗？

如果我们换一种说法来表达刚才提到的关于连续性的省察，那么我认为自己已经在本书中记述了一种支配性的东西，并已经展示出这种支配性的东西是由多么过时无用的东西构成的。换言之，当我们从文化语境重新审视在新自由主义、后福特主义、后女权主义这些名称中被抽象化的现在，就会发现，第二波女权主义残留的愿望确确实实还在其中苟延残喘。只有把握住这一点，才能看到仅仅作为反转革命被抽象化的现在以外的世界。

另外，作为本书的结尾，我还想尝试在支配性的东西中找出除了残渣以外的新兴事物。也就是尝试观察，于我们的现在之中是否已经孕育着新自由主义、后女权主义的另一面。

没落的后女权主义者们

2008年，在世界史上被刻画为怎样的一年呢?

我指的是如何评价2008年9月15日雷曼兄弟破产和由此产生的世界性金融恐慌，当然世界史以何种形式评说该事件，肯定不会受对经济恐慌本身性质和走向的评价所左右。就算世界史对2008年的评说并不是由经济危机直接引发的，但确实也是对作为表现某种世相的事件、有可能与经济危机齐名的一连串动向的评价问题。这里所说的动向是指2011年起在美国发生的"占领华尔街"运动，还有那之前，作为2010年12月17日突尼斯"茉莉花革命"导火索、被称为"阿拉伯之春"的一系列民主化运动，还有2011年夏天在英国发生的暴动。而在日本，2011年3月11日东日本大地震引发福岛第一核电站堆芯熔毁，反核运动随之兴起，此外反核游行这种日本大众运动近年来也异军突起，拥有强大的号召力。从孕育出新游行文化的土壤中，反对安全保障关联法案的游行运动也于2015年的现在茁壮成长起来，反核运动则为这些游行运动助了势。

2008年的金融恐慌与之后持续的不景气中，生发出语境迥异、性质不同的各种新型大众运动。因为是大众运动，所以就应该举双手赞成 —— 这种评价方式当然行不通。说起来，20世纪30年代的法西斯也算是大众运动呢。我们谁也不能保证，现在不会成为又一个20世纪30年代。

本章内容源于我2015年夏天写过的一篇文章。那年夏天之后世界风云大变：英国脱欧，唐纳德·特朗普就任美国总统。此外还有这些大事件所象征的、作为反全球化运动的民族主义以及孤立主义的兴起等等。当然，即使是在这些事件发生之后，我依然觉得没有必要变更本书内容。反而应该说，我的预言竟然策无遗算 —— 这可不是一件让人愉快的事。英国脱欧和特朗普就任，都发生在刚才说到的大众运动延长线上。而再往后，延长线上会发生什么，我们无从知晓。有可能会是全面战争。那样的话，经济危机大概就会被重新解读为1929年的重复。

虽然我补充了这样一些保留意见，但仍然要说，不管大众运动发展成什么结果，其中确实包含着对这30年到40年的支配政治无比厌倦的情绪。经济危机不过只是一个导火索，占领华尔街的年轻人，他们真正否定的是以金融资本主义为中心的全球化新自由主义。

把这种世相即时反映出来的文化作品，我们已经看过了不少。可以说，这些作品只有在经济危机后才可能出现。不过本书最感兴趣的一点是，把这个后经济危机表现出来的仍然是女性，即本书一直探讨的对象 —— 后女权主义者。

我们在第四章探讨的《消失的爱人》，正是这一类电影作品（还有原作小说）。裴淳华（Rosamund Pike）饰演的主人公艾米是哈佛毕业的高知女性，曾经和丈夫尼克一起生活在纽约，二人都是作家、收入颇丰。但由于出版业不景气，夫妻二人双双失业，尼克的母亲还得了癌症，于是二人搬到了密苏里州的乡村。尼克在当地大学找到工作，当上了老师（在那里与学生发生了婚外情），艾米则成为了家庭主妇。

这个故事就是以后经济危机世界为背景的。前文还提到过尼克的双胞胎妹妹玛戈，原作中她从IT行业转行至金融业，在踏遍新自由主义时代当红产业后也失了业，另外，在尼克和艾米移居的新兴住宅区，还有因无法继续支付贷款而消失的单亲妈妈（Flynn pp.30-31）。

艾米这个女性形象，在故事开始前，属于我在第一章中命名的胜者组后女权主义者。大多数情况下，这种女性形象都有高学历、从事专业性工作（尤其是媒体行业、创意产业的工作），拥有较高的收入。但艾米中途掉队了。这次掉队，也脱离了由艾米双亲创作、占领过畅销榜首的童书《了不起的艾米》中的自我形象。艾米试图创造一种完美犯罪，给尼克冠上杀害她的罪名。表面上这是一种对尼克出轨的复仇。但是，如果我们从其没落的后女权主义者身份这个角度看，这个完美犯罪就是被迫困在乡村成为家庭主妇的后女权主义者演绎的一出复仇大戏。

以上是第四章讨论过的内容。接下来我想对这部作品做进一步的全面解读和评价。这部作品的犀利之处在于，作为与没落系后女权主义者互为表里的观念与视点配置了没落的中产阶级男性角色。这个没落中产阶级男性指的就是尼克。更确切地说，中产阶级男性无法继续在经济上支撑起一个有主妇的家庭，由此产生的心慌，是透过艾米这种红颜祸水般的形象表现出来的。这部电影（在这一点上原作更加明显）由艾米和尼克二人的主观思想和叙述构成，这是一个非常出色的设计，它充分展示出，现实状况就是由中产阶级男性的没落和主妇的消失（女性的社会参与）这两面构成的。之后我们还将谈到白河桃子，她在提到日本的情况时说，"'中流男性的没落'速度之快，女性的社会参与速度根本追不上"（白河 p.233），而《消失的爱人》所描写的则是中流男性没落、本应进入社会的女性不得不回归家庭的后经济危机状况。总之，成为家庭主妇本来是个无法选择的选项，不管对艾米还是对尼克来说，这个选择都应该是诅咒的对象。

主妇属于胜者组？
—— 从主妇2.0到《逃耻》

与以上形式的主妇否定互为表里，从同一时代背景中也衍生出了新式的主妇回归。比如，站在主妇回归最前线的艾米丽·玛莎（Emily Matchar），她与《消失的爱人》中的艾米同是哈佛大学毕业生（**图1**）。其著作《家庭主妇2.0》（『ハウスワイフ2.0』）翻译版的书腰上写着："职业女性的时代已经结束了。/ 我们要以不受公司奴役的生存方式为新目标。"高学历后女权主义者中的一部分人正在从公司、高级职业生涯中"选择性脱离"（第二章）。脱离后做什么呢，据说就是在郊外经营环保型或乐活型家庭生活。养鸡取卵，自家种菜，在网上售卖自己做的果酱、醋腌菜、纸杯蛋糕、手织围巾等等。谈到网络，这些主妇们还通过更新博客获得点击率的方式，对

图1 /《家庭主妇2.0》

这种生活方式本身进行贩卖。其实，把"主妇2.0"生活方式写成畅销书的艾米丽·玛莎就是一个实践者。

这到底是一种什么样的主妇回归呢？这些主妇们，不仅仅是肯定主妇这种生活方式，而且还做着回归有机生活的梦，此外她们还给人一种极端保守的印象。不过，实践了选择性脱离的主妇们，大部分都相信自己是女权主义者（pp.69-71）。

也许，判定她们到底是保守，还是开放、革新，这并没有太大意义。重点在于选择性脱离是一种对新自由主义所采取的行动。那么，她们为什么要实行选择性脱离呢？美国这个国家可能给人以女性社会参与度很高的印象。但是，用玛莎的话说，这种所谓的女性高水平社会参与度，依靠的全是职业女性的过剩劳动。在发达国家中，没有带薪产假的只有美国，更甚的是连带薪休假都没有保障。即使是孩子生病了，美国母亲也不一定能请到假。在这种环境中还不得不勤奋工作、"大显身手"——对于这种新自由主义的命令感到厌倦，女性们才会选择脱离。正因为如此，回归成主妇的女性们的确拥有女权主义者的自我意识（pp.61-67）。只是我们应该明确一个理所当然的事实——主妇2.0可不是主妇1.0。也就是说，对于宣布脱离新自由主义的她们来说，并没有"回归成福利国家的主妇"这条后路。

那么留给她们的又是怎样的道路呢？美其名曰环保、乐活，但她们不可能在自然中实现完全的自给自足。于是就出现了一种创业：把手工制作的工艺品、醋腌菜等等拿到网络销售公司 ETSY 上售卖；

在博客上博取人气，成为超级主妇，获得广告收入。

这真是太高风险了。这种主妇形象的建立，究竟多少人有能力真正去实践呢？即使有能力实践，难道不正是因为这些女性已经拥有了某些社会经济基础吗？作者艾米丽·玛莎可没有那么天真，天真到注意不到这种风险。她已经明确指出，只有极少数主妇能成为超级博主，获得可以维持生活的广告收入，而手工制品的买卖实在不划算。总体上看，主妇2.0结果不还是要对网络创业专家的话唯命是从，受到激情剥削吗？主妇回归当然是可以的，但在主要收入来源（男性）已经不再可靠的今天，这是不是太空中楼阁了？

刚才我们提到的白河桃子（《想成为家庭主妇的女性们》[1]），也谈到过日本的"主妇回归"倾向，最后还指出了家庭主妇的"陷阱"和"风险"（第四章和第五章）。问题没有那么复杂。本来把主妇身份搞得人人羡慕的，就不是因为什么自我实现，而是男性雇佣减少、收入低迷，导致女性不得不一起工作养家的现实。所以，舍弃工作成为家庭主妇会带来经济风险，这一点也就不言自明了。

在第三章我们简单地介绍过《逃避虽可耻但有用》，这部作品对以上问题的描写十分到位。主人公美栗和平匡是契约婚姻，实行有偿的家务劳动承包制，故事进行到后半，二人之间渐生情愫，决定真正结婚。但这时问题出现了。在IT公司做程序员的平匡遭到公司解雇，他在说明求婚理由时表示，和美栗结婚可以省下付给美栗的

---

[1] 日文书名为『専業主婦になりたい女たち』（ポプラ新書，2014年）。——译者注

那笔薪水，在被解雇的当下，这是非常合理的做法。美栗对此以"爱情榨取"为由反驳道："这是对'喜欢'的榨取。"

平匡作为没落的中产阶级男性，想要通过把美栗变成家庭主妇的方式解决困境。美栗对此的反驳有两种含义。第一种含义是，如她所说，作为免费劳动的家务劳动是一种剥削；第二种含义是，平匡所梦想的那种家庭主妇，即福利国家中核心家庭式的家庭主妇，不过就是一个幻想。

不过，美栗并不仅仅是在批判福利国家。她正在努力从新自由主义状况中抽丝剥茧，编织出一幅包含家务劳动、照料劳动在内的共同体生产劳动（请参考第一章）新愿景图来。如果把问题简化，那么美栗应该有一个选项是不和平匡结婚、自己出去工作，这样就不用面对与家务劳动相关的矛盾。然而，由于小姨土屋百合这位职业女性的存在，该选项早就不复存在。土屋百合已经52岁了，年轻时是个颇受男性追捧的美女，但别说结婚了，她连性经验都没有，就这样一心工作，干到了化妆品公司管理层。特别是在《逃避虽可耻但有用》（以下简称《逃耻》）的后半部分，把这个百合酱当作另一个主人公也不为过，她就是那种一心扑在工作上、错过婚期的女性形象的典型，而美栗则没有被赋予这种人生选项。

有趣的是美栗后来的选择 —— 她也乘上了主妇2.0这艘大船。美栗有一个好朋友叫小安，娘家经营蔬果店，随着故事发展，小安成了单亲妈妈，美栗则试图帮助她推销蔬菜果酱，给经营不善的蔬果店改头换面（这里实在是太主妇2.0了）。不仅如此，她还参与了另一个项目——帮助整个商店街在神社内开设"青空市场"。因为这个项目，美栗开始忙碌起来，无法再像从前那样把家务做得有质有量，于是夫妻讨论商定，二人作为家庭共同经营责任人，一起努力分担家务。

在故事的最后情节中，美栗的目标不是否定主妇，而是成为主妇2.0那样的新式主妇、建立与新主妇形象相匹配的新夫妇形象、新家庭形象。另外，从贯彻有偿劳动这个意义上看，美栗还将"超越"主妇2.0（用《逃耻》电视剧版主题曲中"超越"这句歌词来形容）。关于这一点，与电视剧相比，海野纲弥（海野つなみ）的同名漫画原作则更为明确。原作与电视剧最重要的不同首先是平匡被解雇后再就职的公司。电视剧中，平匡是IT工程师，再就职时只是去了工资低一点的同类公司，但在原作中，被解雇之前他就接受了同事邀请，被挖走去了新公司。重点是他再就职的公司类型——这个公司好像做的是合租的中介业务，比如说在考虑老年人、育儿家庭等各自需求的基础上介绍合适的人一起租房。另外，这个公司有一次还给美栗主持的商店街青空市场派遣过咨询顾问，所以可以猜到这个公司也在做针对地方振兴事业的咨询业务（不过，由于咨询费用太高，商店街最后还是选择以很低的时薪雇佣美栗）。换言之，可以说这个公司是以有偿形式为现代社会中运转不良的共同体生产提供服务的公司。平匡与这个公司的上司谈话时，上司表示："创造新工作的人才是这个世界上最了不起的人。"（第七卷 pp.34-35）这句话并非仅仅意味着该公司属于创业型风险企业。作品没有对公司的具体业务进行特别详细的说明，读者知道的只是刚才我们说过的合租需求配对和地方振兴事业相关咨询服务，但从这些业务中可以推测出，该公司通过对以前未被市场化的共同体生产进行市场化，从中获利。"创造新工作"就是这么一回事。这样来看，平匡的职业就可以定义为：继承NPO、NGO这类组织在新自由主义环境中代替国家扮演的中间角色（关于这一点请参考哈维第三章[1]），对其进行市场化的职业。换句话说，这就是一种从现在还未被市场化的共同体生产劳动中创造利润的职业。也可以说，这是带有后期新自由主义色彩的职业的精髓吧。

最终，美栗为商店街青空市场提供的咨询服务获得了成功，她在这个过程中也发现了自己的天职，开始着手找工作。最后录用她的虽然不是平匡再就职的那个公司，但差不多也是同类型的公司。美栗为什么能在这种业界找到自己的职业之路呢？答案很明显。因为这个业界与美栗奉行的原理完全吻合——所有劳动（特别是以家务劳动为代表的共同体生产劳动）都应该成为有偿劳动。

让我们以上述观点再来梳理一下《逃耻》的故事情节。平匡和美栗真正坠入爱河，选择结婚，这时美栗却陷入精神危机，于是搬去了小姨百合家，二人暂时分居。这个精神危机究竟是什么呢？其实就是即将成为全职主妇的危机。为什么这会成为危机呢？对此有两种解释的可能性。第一，成为全职主妇与美栗绝不做无偿劳动的

---

[1]　指大卫·哈维的《新自由主义简史》，日文翻译版译名为『新自由主義——その歴史的展開と現在』。——译者注

原则相违背。想想美栗的原则就会发现，全职主妇这种无偿劳动对她来说简直就是天方夜谭。第二，成为全职主妇之所以算是危机的另一个理由，其实已经讲过了。在后经济危机背景的当下，全职主妇渐渐成为"奢侈品"，就算是想当也当不上。这第二个理由没有被特别明显地展示出来。但是，如果我们不把它当作作品的一个模糊的大背景，大概是没办法解释清楚美栗的主妇否定论的。

那么，为了消除危机，美栗就面临把自己的（同时也是平匡的）劳动进行重组的必要。其中一个内容是在家庭外进行有偿劳动，另一个内容是在家庭内与平匡分配无偿劳动（所以，二人才成为共同经营责任人）。前者所指的家庭外有偿劳动就是刚才我们提到过的共同体生产这样的职业 —— 这一点非常有深意。因为这个职业真正反映出美栗不想以主妇身份做无偿劳动的愿望。

总之，第三章中关于《魔女宅急便》和《千与千寻》给出的结论，应该也能套用在《逃耻》上。也就是说，这部作品描写的是照料劳动的有偿化，它和随处可见的雇佣劳动廉价倾销现象是成对出现的。

当然，《逃耻》是个喜剧故事，电视剧不可能达到那种高度，有些内容是不会有所展现的。比如说主人公当作"公司"经营的家庭其实是资本主义再生产装置，因此真正意义上剥削美栗的不是平匡，而是资本主义。此外，作品也没有展现出现实中雇佣劳动残酷的一面（故事中的出场人物们看起来都是在都市化的环境中优哉游哉地工作着）。不仅如此，从作品尝试构建目前新资本主义背景下（或者说后女权主义背景下）具有可能性的 —— 或者说为了让这种状况存活下去的 —— 家庭形象这个意义上看，最后只能说这部电视剧其实是反动的。话虽如此，剧中确实对中产阶级男性的没落和新型危机主妇形象的出现进行了刻画，这一点毋庸置疑。

贵妇的海市蜃楼

由伍迪·艾伦执导的《蓝色茉莉》（2013年）就是一部把这种新型危机当作主题，描写后经济危机现代社会中后女权主义者命运的作品（图2）。这部作品对主妇2.0、《逃耻》等作品中的另类主妇形象，抱持着一种彻底的冷笑态度。

由凯特·布兰切特饰演的主人公茉莉，和身为金融实业家的丈夫一起居住在纽约，享受着有钱人的奢侈生活，但丈夫由于诈骗罪被逮捕，家财尽失。从未上过班的茉莉，精神出了问题，开始依赖

图2 / 来自《蓝色茉莉》

镇定剂生活。她搬到了位于旧金山的同父异母妹妹金洁（莎莉·霍金斯饰）家中（故事中的现在就是从这里开始的，之前的情节都是通过茉莉的回忆慢慢展现给观众的）。金洁与前夫奥吉离婚后，正考虑和男朋友奇利同居。与（原）贵妇茉莉不同，金洁一直打着收银员这样的短工，还遇到过很多糟糕的男人。金洁希望茉莉早点自立，茉莉则颇为不屑，尽是说些不切实际的话来婉拒："我想当室内设计师，首先得学会熟练使用电脑，然后再上网课。"最后，奇利的好友介绍茉莉去给牙医当助手，于是她才开始工作，但后来却被牙医追求，因此又辞去了工作。后来茉莉与在派对上邂逅的外交官德怀特恋爱，为了吸引他的注意，用一个又一个谎言隐藏了自己的过去（另一方面，金洁与派对上邂逅的阿尔坠入爱河，和奇利分手，但是后来才得知阿尔是个已婚男人）。茉莉的谎言一直撑到差点与德怀特订婚为止，但由于奥吉偶然向德怀特透露了茉莉的过去，于是茉莉失去了德怀特。最后，失去了一切的茉莉谎称自己已经与德怀特结婚，过回了贵妇生活，独自离开了金洁与奇利和好以后居住的那个家。

　　和《消失的爱人》一样，这部作品也可以说是一部反映后经济危机的作品。虽然茉莉没落的原因不是金融恐慌，而是丈夫诈骗行为的曝光，但从作品的比喻性来看，经济危机应该是在考虑之中的。另外，与《冰雪奇缘》一样，从对（虽然没落了但还是）胜者组后女权主义者（的茉莉）和败者组后女权主义者（的金洁）的细致刻画上来看，电影以典型的形式对后女权主义状况进行了描写，不过，也可以说这是一部以后经济危机为背景、对后女权主义状况进行再审视的作品。然而与之前的后女权主义作品相比，这部作品的非典型之处在于，主人公茉莉作为（没落的）胜者组后女权主义者却完全没有谋生能力，只能依靠丈夫的财富过活。这个设定所暗示的意义在我们之前的探讨中已经有了定论 —— 不愿成为桑德伯格式的后女权主义者（或者单纯就是没能成为那样的人），反而想要回归主妇2.0那种主妇身份，或者像《逃耻》中的美栗那样试图把共同体生产劳动变成有偿劳动，不管是这两种情况的哪一种，其实都无路可走，因为几乎所有的女性都和茉莉一样，并不具备相应的学历和技能。这就是《蓝色茉莉》想要向观众传达的信息。

　　那么，留给茉莉的路又是什么呢？主妇1.0当然没办法变成主妇2.0，既不具备《消失的爱人》中艾米那种设计完美犯罪的才能，也没办法以《逃耻》中美栗的方式走上就职之路 —— 这样的茉莉，留给她的路到底是什么呢？从现实角度考虑，她如果放弃"全职主妇的海市蜃楼"，即放弃找个有钱人结婚、过上贵妇生活的目标，那么就只剩下一条路可走了 —— 做一份勉强支撑日常生活开销的工作，艰难度日。这样，恐怕就只能踏上贫困人生的道路了。

贫困女性的崛起

　　茉莉究竟能不能崛起？在思考这个问题时，我还想探讨一部日本电影，虽然与《消失的爱人》和《蓝色茉莉》等作品的背景、设定、出场人物不尽相同，但作品描写的对象同样也是在后女权主义状况以及后经济危机世界中生存的女性——这就是由武正晴执导、安藤樱主演的《百元之恋》（图3）。

　　安藤樱饰演的一子32岁了。她寄居在经营便当店的父母家，过着啃老生活。一子头发总是乱蓬蓬的，不管白天夜晚都穿着一身睡衣，到了深夜还在百元店买零食吃，体型臃肿，走路姿态也非常糟糕（这时的她，浑身上下散发着比布里奇特·琼斯更为堕落的败者组女权主义者气息）。一子的妹妹二三子离婚后带着孩子回到了娘家，一子和她大吵一架，离家出走。她开始在廉价出租屋生活，也开

图3 | 《百元之恋》

始到自己从前常去的百元店打工。在去打工的路上，一子遇到了正在进行拳击训练的狩野祐二，对勤奋的狩野产生了兴趣。某日，狩野以客人身份来到百元店，把自己比赛的门票送给了一子。于是一子和一起打工的同事野间一起去看比赛。野间是个中年男人，离过一次婚。那场比赛狩野输了，比赛结束后他与一子和野间一起去吃饭，野间撒谎说自己正与一子交往，狩野当真了，于是选择独自离开。之后，野间把一子强行拉进情人旅馆，强暴了她。

后来，一子对拳击产生了兴趣，进入狩野所在的健身场馆，开始进行一些简单的训练，但此时狩野已经引退了。这期间，来到百元店的狩野（可能是感染了流感）突然呕吐，一子照料他时，二人关系更进一步。但是狩野最终还是抛弃了一子，和做豆腐生意的人家的姑娘在一起了。一子因此而觉醒。虽然32岁是"踩线"的年龄，但她还是拼命训练，通过了职业考核，然后开始为比赛进行更为严格的特训。然而，最后比赛还是"一边倒"地输了，一子像沙袋一样一直被打。虽然最后她擅长的左勾拳打中了对方，但也改变不了以完败告终的结局。比赛结束后，一子发现来看比赛的狩野正在会场外等自己，大哭着说："我想赢……哪怕一次也好……我想赢。"狩野则牵起了一子的手说："去吃饭吧。"

大概就是这样一个故事。这部电影的魅力在于一子的改头换面和最后拳击比赛中让人窒息的高潮。一子的奋发向上和最后的失败，以及哭着说出口的那句"我想赢"，确实感人。但这些场面越动人，最后一子被狩野牵起手的场面则越遗憾。生活在让人束手无策的底层社会（百元店的店员们不厌其烦地展示着这一点），甚至被恶心的（真的特别恶心）男人强暴，却仍向着目标勇敢前进，这样的人生态度吸引了一个人（狩野），但这个男人梦想破灭时还是跑到别的女人身边去了——一子想向这样的人生复仇。她不想继续做败者组后女权主义者了，而是希望成为战斗少女。

　　这里边有一个重点——一子继承了狩野破灭的梦想。对于一子来说，进入狩野这个男人的守护范围，比如说成为他的家庭主妇，这个选项是不存在的，因为狩野本身就是个失败的人。这种结构，正好就是茉莉所处的困境。一子爱上拳击，这象征着接受男性劳动者没落的现实、不得不成为战斗少女（参与社会）的后女权主义状况。而茉莉却连拳击都没有。正因如此，最后狩野牵起一子、把她带走的场景才是遗憾且讽刺的。这样说起来，此时被领走，对于一子来说是比输掉拳击比赛更大的失败，可以说是最大的失败了（不过在这个场景中，被牵起手时一子的身体看起来有一丝丝抗拒。安藤樱这个演员的魅力就在于其看起来似乎做不到位、却因此具备了强烈异化作用的肢体动作，这一点从该场景中也可窥见一二）。

　　总之，客观来讲，就算一子和狩野之后恋爱、结婚，也仅仅是成立了一个弱者联盟。一子曾经想向自己身边的一切复仇。但她最后得到的，不过就是一记左勾拳。

艾米们的心愿与金洁们的连带

　　问题究竟出在哪里呢？开始把不景气、贫困加入到主题当中的这些作品，即我擅自命名为后经济危机时代的这些作品，为什么如此这般走进了死胡同呢？

　　问题就在于连带的丧失，以及发生集团性社会变革之愿景的丧失。比如，《家庭主妇2.0》中的艾米丽·玛莎也把这个问题当作了探讨对象。

　　　2011年，面向未对不景气采取有效措施的政府，抗议活动爆发。当然，把这种抗议活动坚持至今的都是年轻人。一方面，这些年轻人坚持不懈，另一方面，二十几岁、三十几岁的大多数人态度却出奇一致 —— 他们对政治抗议毫不关心。可能因为我们这代人受的一直都是"要尊重个人意志"这种教育吧，所以比起国家政策，大家会认为个人选择更为重要。政府的食品管理体制不行？那么自己种菜就行了。担心全球变暖？那么买油电混动的汽车就行了。(p. 282)

如果真的能自己种菜，也能买得起油电混动汽车的话，那没什么可说的。可一子这样的女性要怎么办才好呢？像她这样的情况，当然没办法想象出集团性的社会变化，顶多只能想象出拳击这种完全个人化的、客观上根本无法替她开辟出职业之路的形式，如果处于这种情况下，要怎么办才好呢？

　　这时候需要的就是连带。实际上，《百元之恋》已经刻画出了连带的萌芽。最终促使一子参加拳击比赛的当然不是狩野，也不是她追名逐利的心理。故事里最重要的时刻出现在故事副线当中，在刚才我介绍的故事梗概之外。在一子工作的百元店里都是些底层社会的人，其中一个曾经一起工作的女同事叫池内敏子，由于她偷了银台的钱，所以被解雇了。后来，她每天都到百元店后院来讨要即将被当作垃圾处理的便当。总部派来的店长对她口出恶言，还命令一子不许给她便当，但一子并没有服从命令。最后，店长把便当盒中的食物扔进垃圾袋，命令一子把垃圾袋交给敏子："对他们这种人来说，这就足够了。"忍无可忍的一子打了店长，她当场就被解雇了。一子准备离开百元店时，拿着刀的敏子登场了。她行强盗之事，可能还刺杀了店长。从店里出来后，敏子向一子道谢，二人挥手告别。

　　这样说来，一子的战斗既是为了自己，同时也是为了千千万万个的敏子。她的挑战，看起来是那么孤独、那么个人化、那么虚无缥缈，如果说其中隐藏着一点集团性的话，那么就是与敏子的连带。当然，这是一种弱者间无比脆弱的连带，就和一子的左勾拳一样脆弱。

　　我们再回过头看看，比如《蓝色茉莉》中有没有展示出这种连带的可能性呢？或许这部电影充满了彻头彻尾的恶意吧，我们竟找不出可能拯救茉莉的连带，哪怕极为个人化的连带，哪怕仅仅是连带的萌芽，也遍寻无果。就算有存在连带的可能性，那也应该是与同父异母妹妹金洁之间的连带。但是，这种连带早就被封印了。金洁的前夫奥吉听从茉莉和金洁的劝说，把买彩票中的20万美元交给茉莉的前夫哈尔，让他帮忙打理。之后哈尔被捕，20万美元化为泡影（电影最后真相大白，原来哈尔被捕是茉莉对其出轨的报复，是她向FBI告发的）。恐怕这才是金洁和奥吉离婚的真正原因。换句话说，金洁这个穷人，是哈尔所象征的、茉莉所追认的新自由主义式金融资本主义的牺牲品。新自由主义的牺牲品——这不禁让人联想到那些因次级贷款失去家园的人们。茉莉和金洁一个是加害者，一个是受害者，泾渭分明，故事也是以强调二人之间分裂的形式画上句点的。可见，《蓝色茉莉》对于连带的可能性，持一种彻底的冷笑旁观态度。

　　但是，对于这种连带的初始愿望肯定是存在的。最后我想和大家探讨的就是这样一部电影，它一部分带有后女权主义色彩，一部分带有后经济危机色彩，尽管处在这两者当中，却仍能帮我们回想起连带为何物。这部电影就是2010年上映的《达格南制造》（『ファ

クトリー・ウーマン 』[1])[2]。我想通过对该作品的介绍和探讨，来为本书作结。

《达格南制造》取材于1968年福特汽车公司英国戴根纳姆工厂实际发生的缝纫女工罢工事件。福特公司工会，因187名缝纫女工被当作非熟练工、遭到差别待遇，发起了罢工。丽塔从来没有深入参与政治运动的经验，但工会成员艾伯特发现她具备随机应变的能力和领导才能，于是带着她去参加工会执行部的面谈。丽塔一行人提出了男女同工同酬（equal pay）的要求，对此，工会执行部给出了折衷方案，目的是要求大家和公司一起承担损失。丽塔没有同意，宣称要继续罢工。

另一方面，丽塔的儿子受学校老师克拉克体罚之事暴露，丽塔去向克拉克抗议，并与同样来抗议体罚的丽莎偶然相识。

由于罢工，汽车车座供应不上，福特工厂不得不停产，公司被逼入绝境，丽塔他们提出的要求离成功只有一步之遥。然而，因贪污被公司抓住把柄的工会执行部给工人施压，要求他们停止罢工。雪上加霜的是，家务马马虎虎、工资锐减的丽塔与丈夫也发生了矛盾，而与自己并肩作战的康妮，其丈夫也在康妮与工会交涉期间自杀了。

丽塔陷入了危机，这时丽莎突然来访。她是来通知丽塔，学校

---

[1] 电影的日文版题目是外来语，从英语Factory Woman而来，意思是"工厂女人"。——译者注
[2] 遗憾的是这部电影在日本没有影院公映。此外，也没有DVD等形式的日文版发售，不过通过苹果公司iTunes的影视发布、亚马逊公司的Amazon影视可以购买、租借（2017年现在时点）。只是，日本版题目为《工厂女人》。这个题目起得不够用心，所以在本书中使用英文原题的片假名『メイド・イン・ダゲナム』。

里的抗议活动效果显著，克拉克老师也已经被解雇了。同时，丽莎还表明了身份，原来她是工厂厂长霍普金的妻子。面对发懵的丽塔，丽莎对罢工一事却给予了鼓励。丽塔听了丽莎的话，于是决定去参加工会总会。在总会上的演讲，为丽塔他们赢得了工会的支持，终于得到了与就业大臣芭芭拉·卡素尔面谈的机会。面谈结果是，福特公司同意今后付给女性员工的工资将不低于男性员工工资的九成，后来，该事件结出了更为丰硕的果实——1970年同工同酬法案通过了。

可能有人会反驳说，这部影片描写的是1968年的罢工，因此它以连带和集体性社会变革为主题是理所当然的。但是大家别忘了，它可是2010年的作品。事实上，这部描写女性工人运动的电影，被打上了2010年这个深刻的时代烙印。某种后女权主义，实实在在地给这部作品施加了影响。

具体是什么时代烙印呢，我想先列举两个例子。一个是对工会的描写。《达格南制造》中的工会执行委员会干部被刻画成相当腐败的形象，他们不仅仅是公司的御用组织，而且还在开会前用工会预算在高级餐厅吃饭等等。与此形成鲜明对比的是坚持男女同工同酬原则的丽塔，她的爽利干练尤为引人注目。对福利国家和大型企业的批判与对工会的批判紧密交织。这种批判经过反转、最后蜂拥至新自由主义，这一点与我们之前反复论述的内容相一致。

另外一个问题是，丽塔他们对于同工同酬的要求，本来一开始就只是经济、再分配的问题，但通过电影演绎，似乎变成了女性尊严问题。当然，作品并不是没有描写工人阶级女性的经济困境，但是却把这种困境当成了次要描写对象，好像女工们进行罢工的首要目的就是为了"维护尊严"。第二章我们探讨过的南茜·弗雷泽，就是在承认与再分配的矛盾中发现了当前女权主义问题的本质。弗雷泽说，1990年代后的女权主义政治向自我认同的政治或者叫文化主体承认的问题上不断倾斜，社会经济格差问题即再分配问题则无人问津。这种对承认的偏重也可以说是后女权主义的一个侧面吧。丽塔她们提出的要求，尽管是带有社会主义女权色彩的要求，但却被表现为文化认同的要求。

此外，电影取材自戴根纳姆罢工，以上这些内容并不是与戴根纳姆罢工的历史定位毫无关联。1968年罢工运动的一个问题是，它与既往的工人运动分道扬镳，不再以马克思主义、工人运动为中心，而是向着新型社会运动发展，有最终铲平新自由主义之路的意味。片面地说，《达格南制造》也算是一个讲述新型社会运动的故事。

虽然有这样那样的问题，但我还是认为，《达格南制造》为我们跨越后女权主义指了一条明路。并且，跨越后女权主义并不是否定后女权主义，而是一种对第三波女权主义的构想——凝视第二波女权主义与后女权主义的连续性，并在此基础之上跨越二者对立的鸿沟。

这条路，就是我们以及我们探讨过的后经济危机作品群所遗忘的连带状态。这种连带，也是主人公丽塔与福特厂长妻子丽莎之间的连带。丽莎毕业于剑桥大学，如果生逢其时，那么她找到一份专业性强的工作，成为实现自我价值的后女权主义者或者说胜者组后女

权主义者，也不为怪。但她却困囿于小家之中，在主妇身份里压抑
自我。下边的引用，是其厂长丈夫彼得在自家招待从美国来对付罢
工的上司（罗伯特·托利）吃饭（丽莎作为主妇服侍他们）时的场景。

彼得　　（对丽莎）拿个白兰地酒杯来。

托利　　称呼你为丽莎可以吗？听说你是个大才女。在剑桥学历史？

丽莎　　是的。

托利　　关于工厂的问题，务必要听听你的意见。你家先生是不是管
　　　　理太松了？对工人太好了？

丽莎　　没有，哪有这回事。正相反呢。沃克斯豪尔就没有发生罢
　　　　工。这是因为它的母公司通用汽车懂得体谅工人。但是福特
　　　　就……你们觉得工会很麻烦吧？所以工人们才会仇视公司。

（尴尬的沉默）

托利　　这真是惊人之语。这位夫人真是思想进步啊。

彼得　　给我奶酪。

丽莎　　啊？

彼得　　拿奶酪来。（说着就赶丽莎走）

　　丽莎和丽塔在电影前半部分还不了解彼此的立场，却也处于相互
关联的状态。这个关联是通过抗议班主任体罚学生的活动而结成的。
接下来的场景就是康妮丈夫自杀、罢工陷入紧急危机。这时，丽莎
突然来到丽塔家中，告诉她，她们二人抗议的那个体罚学生的老师

被换掉了。说完就要离开的丽莎，忽然犹豫了一下，回过头，说了下边这段话（**图4、5**）。

丽莎　　我的丈夫是彼得·霍普金。

丽塔　　诶？

丽莎　　就是工厂的那个人。你之前好像不知道。我以前也不知道你
　　　　是谁。关于罢工的事。

图4 / 丽塔（来自《达格南制造》）

图5 / 丽莎（来自《达格南制造》）

丽塔　怎么着？你来劝我停止罢工？要是那样的话，对不住了，真的，今天真是糟糕的一天，我已经……

丽莎　不是的。我希望你们继续罢工。你知道我实际上是什么样的人吗？

丽塔　不，我不知道。

丽莎　我是丽莎·巴内特。31岁。以优秀的成绩毕业于世界级名门大学。但是丈夫却把我当傻子。为了获得学位拼命学习时，真是幸福。学习太开心了。跟随创造历史的伟人们读书，真是太开心了。而且我还会想象，如果自己也能那样创造历史的话，会是什么感觉呢。所以，等你把历史创造完，记得告诉我是什么感觉啊。千万别输。这是我们的约定。

　　丽塔接纳了丽莎的这番话，决定潜入将于伊斯特本举办的工会大会。当然，丽莎是一个困于福利国家核心家庭制度、无法实现自我价值的人，而丽塔理解了她对解放 —— 从主妇身份中的解放 —— 的渴望，可以说她就是在理解的那个瞬间成为了第二波女权主义者。丽莎没有实现的愿望超越阶级传递至丽塔手中的这个场面，有一种非常纯粹的动人力量。丽塔在与就业大臣会面时，穿的就是丽莎借给她的礼服。这种姐妹情谊的形式确实能够给予人力量。接受他人愿望、努力实现愿望，比仅仅实现自己的愿望更能鼓舞人心。这正是连带的意义所在。

　　为丽塔与丽莎之间的连带赋予可能性的又是什么呢？借用玛利

亚·米斯（Maria Mies）[1]的话来说，那应该是对主妇化劳动的抵抗。主妇化这个词强调了家务劳动（无偿劳动）在资本积累过程中所发挥的作用。

> 主妇化是指，把资本家不得不承担的成本外部化……。主妇化这种思考方式，认为女性的劳动是像空气、水一样能够方便获取的天然资源。
>
> 主妇化同时还是把这些隐藏的劳动者一个一个分隔开来的过程。这不仅仅是因为女性缺乏政治敏感，也是因为她们缺乏集团交涉的能力。（p. 166）

丽塔和丽莎分别以不同的方式被主妇化了。丽莎被主妇化的方式是成为地地道道的主妇。而丽塔被主妇化的方式则是被列入非熟练工行列、压低报酬。这两种主妇化在对资本积累做出贡献这个意义上来说其实属于同一层面，二人的连带正说明了这一点。

但是，这二人的连带实际上有着非常复杂的构造，其中的重点正是这种复杂性。说到这里，我想和大家阐明一些事实——关于出演丽塔和丽莎的两位女演员。丽塔由莎莉·霍金斯出演，丽莎由裴淳华出演。是的，她们分别就是《蓝色茉莉》中的金洁和《消失的爱人》中的艾米。对此，我们很难不感受到一种超越偶然的东西。这个

---

[1] 其日语名为ミース、マリア。可在本章参考文献中找到相应条目。——译者注

偶然也许在告诉我们，时代向前推进，到了20世纪90年代、21世纪，丽塔会成为底层阶级贫困女性（金洁），而丽莎会成为打破玻璃天花板、在新自由主义劳动市场中坚强生存的职业女性（艾米）。也就是说，她们有可能会分裂为败者组后女权主义者和胜者组后女权主义者。

但在20世纪60年代这个时间点上，二人的立场是相反的（丽塔是争取女性自由的前卫，丽莎虽然属于中产阶级，但却是一个被剥夺了自由的主妇），正因如此才有了产生连带的可能性。现在这种连带的可能性已经完全丧失，而让人深切感受到的这一点的，又正是二人的连带。既然现在这种连带的可能性已经消失了，为什么2010年的电影《达格南制造》还要对它进行描写呢？

关于这一点，应该可以用米斯的主妇化观点来进行说明。现代社会，主妇化劳动并不仅仅限于家庭内的无偿劳动。米斯所说的"主妇化"是广义的，是带有后福特主义色彩的、劳动灵活化的总称（p.25）。现代资本主义把女性劳动从收入稳定的正式领域赶出来，塞入低收入或者无偿的不稳定劳动范畴，以此积累利润（p.23）。再把因此衍生出的底层阶级贫困女性的存在，用突破玻璃天花板、事业有成的胜者组女性形象加以掩盖。如果这种分裂统治是现代资本主义原始积累的重要战略，那么相反，超越这种分裂，才能形成对现代资本主义薄弱环节的打击。这部影片，正是在向大家发出超越的倡议，也是呼唤后新自由主义的倡议。

与此相关，还有一点至关重要。刚才我们讲到，丽塔接受了丽莎的愿望，成为第二波女权主义者。关键在于，丽塔在成为第二波女权主义者的瞬间，同时也在同等程度上成为了后女权主义者。丽莎对福利国家、福利资本主义、核心家庭主义进行的批判，随着时代发展，会转变为通过个人学历与能力脱离这些主义的后女权主义革命。从这个意义上说，丽莎是没有成功蜕变的后女权主义者。我们必须正视、必须承认的是，丽塔也接受了丽莎这种带有后女权主义色彩的愿望。但是，这种愿望还没有作为后女权主义愿望实现分化。也就是说，丽莎、丽塔心中盘踞着未经分化的渴望，这是一种对第二波女权主义式的解放以及后女权主义式的解放的渴望，这种渴望在之后的历史中被分解、分裂，大概率将被纳入新自由主义麾下。正是这种渴望，让连带成为可能。这种连带的可能性现在已经彻底消失，二人间的连带让我们深切地感受到了这一点。但是可不可以说，正因为让人深切感受到了连带可能性的消亡，二人之间本可能成功建立的这种连带才如花束一般，可以献给后女权主义、后经济危机中独自苦恼的艾米们、金洁们、一子们呢？如果再把它献给安娜们和艾莎们的话，本书就能圆满闭环了。

　　未来的种子暗藏于过往之中。即使是可能实现却未能实现的过去，只要是可能于未来蓬勃发展的种子，那么就可以将其认定为是具备有效经验的过去。遵守与丽莎的约定、努力实现目标的不仅仅是丽塔。丽莎的愿望，也被委任于无数个丽塔和我们。再重复一次，连带，就是接受他人的愿望、并把它当作自己的愿望。这里的他人，并不一定是现在、现实中的他人，也可以是从前可能活过、今后可能活着的丽莎们、艾米们、金洁们、茉莉们、一子们。把她们的愿望作为有效经验去理解和接受 —— 这是第一步，也是终点。

参考文献

Flynn, Gillian. *Gone Girl: A Novel.* New York: Crown, 2012.〔『ゴーン・ガール』上下巻、中谷友紀子訳、小学館、二〇一三年〕

白河桃子『専業主婦になりたい女たち』ポプラ新書、二〇一四年

マッチャー、エミリー『ハウスワイフ 2.0』森嶋マリ訳、文藝春秋、二〇一四年

海野つなみ『逃げるは恥だが役に立つ』全九巻、講談社、二〇一三〜一七年

ミース、マリア『国際分業と女性』奥田暁子訳、日本経済評論社、一九九七年

ハーヴェイ、デヴィッド『新自由主義──その歴史的展開と現在』渡辺治監訳、作品社、二〇〇七年

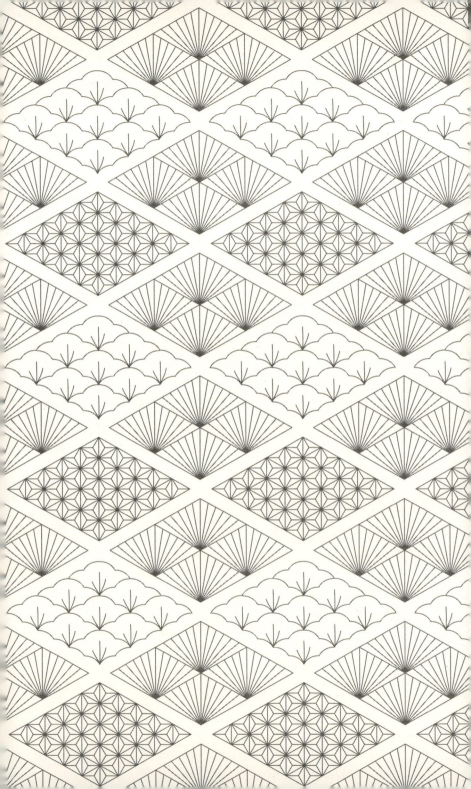

跋

我曾在杂志 *POSSE* vol.23（2014年6月）至vol.28（2015年10月）上，以《文化与劳动》（『文化と労働』）为题进行过连载，本书是对连载内容进行修改、加工后集结而成的。开始进行该连载的契机其实源于SNS（Twitter）。2014年4月，当时迪士尼的最新作品《冰雪奇缘》正如日中天，俨然成为了一种社会现象。我（坦白说）在还没观影的情况下看到了一条网评，称《冰雪奇缘》是一部给女性带来力量的女权主义电影，于是就全凭直觉写了些不负责任的感想 —— 迪士尼不太可能制作脱离主流思想的东西，这部电影恐怕是本书中所说的那种带有后女权主义色彩的作品。

之后，性别研究专家清水晶子给了我一记呵斥（如果我没记错的话），大意是说，虽说是迪士尼电影，但仅凭这一点就将其当作主流意识作品而拒之门外，这种态度是错误的。确实，如本书进行的尝试一样，努力在主流文化（卖座文化）中寻找历史积淀、即终章所说的残留物，再从中发掘出区别

于现状的苗头 —— 对此，我们绝不可怠慢。那在之前，首先应该观看作品，否则一切都是徒劳。所以，我赶紧带着双胞胎女儿奔向了影院。

最先发现以上这些动向的，是堀之内出版社。我接受了他们的邀约 —— 先写一写《冰雪奇缘》，可能的话，后续再进行连载。以前我没有做过杂志连载，所以内心充满不安，不知道自己能不能坚持到底，同时也有一种盲目的乐观，觉得只要迈出第一步，后边就会顺理成章。在这样的心态下，连载开始了。实际上，后边确实也顺理成章了。

这就是本书诞生的原委。在此，我想向为我创造契机的清水老师和堀之内出版社表达由衷的感谢。

为本书奠基的各种想法主要来自于御茶水女子大学召开的第三波女权运动读书会。组织读书会的核心成员是竹村和子老师的门下弟子，竹村老师已于2011年仙逝。领导读书会的成员之一，是我在本书中多次提到的三浦玲一老师。其实，本书的基本构想都承袭自三浦老师，说起来，这其实是一部以"如何超越三浦老师"为目标苦苦奋斗的拙著。三浦老师也于2013年永远离开了我们。我绝对不敢说超越了竹村老师、三浦老师的伟大成果，也完全无颜自称为两位老师的继承者。我只想借此机会，对两位老师的治学之恩表达由衷的谢意。

我还想对Third-Wave Feminism读书会的两位成员表

达特别的谢意，一位是越智博美老师，另一位是山口菜穗子老师。两位老师每次都帮我审阅连载原稿，向我建言。此外，我还得到过读书会成员松永典子老师的宝贵意见，特此致谢。

本书最后一章，以对"连带"近似于祈祷般的呐喊画上句点。这当然是对第一章提到的奈格里、哈特以及《冰雪奇缘》中的"爱之共同体"——更确切地说是通过想象解决连带不可能性的比喻形象——这种连带形式的回应。因此，最后我必须扪心自问：我的呐喊是不是也成了与"爱之共同体"相同的幻想式解决方法？关于这一点，我没有资格对自己下判断。不管是这个问题也好，其他问题也罢，只能拜托各位读者多多批评指正了。

尽管如此，那个萦绕于我脑海直到最后一刻的想法，即连带就是接受他人的欲望和愿望、正因是他者之愿才更强烈，其中的道理也适用于本书的写作，这一点是毋庸置疑的。用精神分析法来说，因为欲望全部都是他人的欲望，所以所有欲望都向连带敞开。我也是接受了他人之愿才写成了本书，这种愿望不仅仅来自于刚才列举过的诸位熟人，也来自于本书中提到的各种作品、著作的创作者，甚至来自于这些作品中的虚构人物。

完成这本书后，我最大的感触是，以文学、电影等虚构作品为对象进行评述、写作，归根结底可总结为：接受他人的愿望进行写作就是在他人愿望中添加自己的愿望，再把它传递给下一个人，别无其他。如果我这个想法正确的话，那么写作正是连带行为的一种形式。

当然，对于读者来说，有拒绝这种连带的权利，即使是接受，也有添加一些附加条件后再接受的权利。对于我来说，比起写成一本毫无瑕疵的书，我更希望它能成为接受反驳与讨论的开放式作品。本书既然批判了Facebook这种充满共鸣的共同体，就必须敞开一个具有"不赞！"功能的世界。恐怕，只有当那样的世界已经敞开时，我们才算找到了向超越"爱之共同体"的连带进发的唯一路径。希望本书出版的那一瞬间，就是步入那条路的开始。就此搁笔。

河野真太郎

2017年5月

译后记

我不知道该如何表达自己对这本书的喜爱。

书中解读的文学影视作品，《狼的孩子雨和雪》《风之谷》《魔女宅急便》《逃避虽可耻但有用》《哈里·波特》《莫失莫忘》……我都深深着迷过。但我从未用女性主义的眼光去审视它们。确切地说，在翻译这本书之前，连女性主义，之于我都还只是一个略感兴趣的话题。况且我对女性主义萌发一丝兴趣，也不过是近两三年才有的事——从我成为一个单亲妈妈、步入职场（劳动市场）、切身体会到诸多不公开始。

与这本书的邂逅，似乎是偶然，又似乎是宿命。我有一种恍然大悟的错觉——原来自己"不务正业"看了那么多闲书、电影、动漫，经历了那么多身为女性、身为单亲妈妈的苦难，都是为了有朝一日能与它相遇。如果没有那些"不务正业"，没有那些苦难，即使我遇到它，也只会与它擦身而过吧。

所以我对这本书的推荐，不是作为一名"功利"译者的推荐，而是作为一个热忱读者的推荐。

关于这本书内容上的妙处，我来举一个简单的例子吧。迪士尼动画《冰雪女王》相信很多朋友都看过吧？就算没看过，那句烂大街的"Let it go~ Let it go~ You don't know what you've got but you've got to let it go"总听过吧？那么你有没有想过，let it go，放它走，到底是放什么走？看到书中提示，我才意识到，原来我们竟然可以联想到弗洛伊德！弗洛伊德提出，人的个性由"我（id）"、"自我（ego）"、"超我（superego）"交织而成，而其中"本我（id）"的命名中就融入了"it"的含义，所以被称为"它"。再想一想《冰雪女王》中艾莎的人设，她是在终于得以离开囚禁她多年的阿伦黛尔、进入雪山、可以自由使用魔法时（也就是获得了解放时）高唱了这首歌，这个let it go，难道不是特别的寓意深远吗？

不得不说，就如对let it go的解读，这本书叙事有些迂回，层层叠叠又极尽联想之能事的跳跃。但它的妙处正在于此，是如同走迷宫挖宝藏一般的阅读体验。并且，所有这些深刻的挖掘都是在我们耳熟能详的大众文化作品中进行的，一环扣一环，让你根本无暇为那些拗口烧脑的女性主义理论感到无聊或纠结。

而关于这本书行文的调调，倒是着实让我烦恼了一把。阅读日文原版时，我的感受是，与其说我在读书，不如说我在听一个半学术的讲座。刚巧，河野真太郎老师曾经任教的一桥大学也是我的母校，所以那种代入感、临场感就更加强烈了，总是有种错觉，好像我就坐在一桥大学某间教室里，听河野老师娓娓道来。但是，这种又学术又口语的表达，在翻译时想要呈现出调性，真是难煞我这个翻译小白了，尤其担心遣词用句如果不够风雅，会不会遭人白眼？不过，犹豫再三，最后我还是决定尽量遵从原作的叙事风格，尽可能地让翻开这本书的有缘人，也体会一下我在阅读时感受过的那种畅快淋漓。至于有些地方不够风雅就不够风雅吧，我又不是什么翻译名家，难道还有偶像包袱不成。let it go！我这也算把"解放"的精髓学以致用了吧（笑）。

此外，关于书中的引用，还想再啰嗦几句。因为本书的引用较为庞杂，比如有英文原版著作、论文的引用，又有英文著作、论文的日文翻译版的引用，日文原版著作、论文、新闻、漫画等等的引用更不必说。为了便于大家查找，我在翻译这些引用时，除了遵守尽量与原文一致、译成中文的原则外，还都保留了能快速定位章节末文献列表的内容。希望有英语、日语基础的读者朋友，每每掩卷又意犹未尽之时，还能在文献列表中挖掘出更多乐趣，让知识得以拓展。

第一次做长篇翻译，就能接触到这样美好的作品，实在是我的幸运。我知道写一堆感谢的话，实在太俗套了。但是我仍然不得不感谢信任我这个翻译新人、一路耐心指导我、鼓励我的彭毅文老师，设计了让我一见钟情的封面、为这本书赋予了"末世武士浪漫"的余音老师。那说起我是如何认识两位老师的呢？于是就要感谢盖晓星前辈的引荐。认识前辈，又缘于邓芳学姐和王子俊学长的介绍……

这让我想到了本书中提到的"连带"。作者说："接受他人愿望、努力实现愿望，比仅仅实现自己的愿望更能鼓舞人心。这正是连带的意义所在。"这种愿望，可以来自于历史上奋战的领秀、现实中并肩的朋友，也可以来自于各种文艺作品的创作者，甚至可以来自于这些作品中的虚构人物。我能接到这本书的翻译并完成它，现在这本书又美美地呈现在你们面前，这便是无数个"连带"创造的奇迹。这个过程中，不仅仅有来自女性的连带，也有来自男性的连带——比如这本书的作者河野真太郎老师就是一名男性。这本书的出版，难道不正是连带的最好体现、是女性主义的希望所在吗？

也许，不远的将来，战斗公主将不再孤军奋战。

赫杨

2023 年 5 月 17 日

Original Japanese title: TATAKAU HIME, HATARAKU SHOJO
2017 Shintaro Kono
Original Japanese edition published by Horinouchi Publishing
Co., Ltd.
Simplified Chinese translation rights arranged with Horinouchi
Publishing Co., Ltd. through The English Agency (Japan) Ltd.
and jia-xi books co., ltd.
桂图登字：20-2023-155

图书在版编目（CIP）数据

战斗公主 劳动少女 /（日）河野真太郎著；赫杨译. -- 桂林：
漓江出版社, 2023.6
　　ISBN 978-7-5407-9407-1

Ⅰ. ①战 … Ⅱ. ①河 … ②赫 … Ⅲ. ①女性主义 – 研究 Ⅳ.
①C913.68

中国国家版本馆CIP数据核字(2023)第046687号

战斗公主 劳动少女
ZHANDOU GONGZHU LAODONG SHAONÜ

作　　者：　[日]河野真太郎
译　　者：　赫　杨

出 版 人：　刘迪才
品牌监制：　彭毅文
选题顾问：　邓　剑
责任编辑：　彭毅文
助理编辑：　张心宇 / 李雪菲
书籍设计：　余　音
责任监印：　陈娅妮

出　　版：　漓江出版社有限公司
社　　址：　广西桂林市南环路22号
邮　　编：　541002
微信公众号：lijiangpress

发　　行：　北京联合天畅文化传播有限公司
发行电话：　010-64258472
印　　制：　北京盛通印刷股份有限公司
开　　本：　880 mm×1230 mm　1/32
印　　张：　7.5
字　　数：　153千字
版　　次：　2023年8月第1版
印　　次：　2023年8月第1次印刷
书　　号：　ISBN 978-7-5407-9407-1
定　　价：　58.00元

漓江版图书：版权所有　侵权必究
漓江版图书：如有印装问题 请与当地图书销售部门联系调换

胭+砚
project

胭砚计划：